# 그리스 미술 이야기

# 차례

Contents

# 그리스 회화

인류 역사에서 두 차례의 문화적 아이러니를 꼽는다면, 전쟁밖에 모르는 로마가 고대 최고의 문화 선진국 그리스를 정복한 일, 그리고 가톨릭으로 무장한 스페인이 르네상스 이탈리아를 초토화시킨 일이다. 그러나 진실이 꼭 눈에 보이는 사태와 일치하란 법은 없다. 기원전 2세기 로마의 감찰관 카토는 "정복당한 그리스가 오히려 로마를 정복하고 말았다"며 탄식했다고 한다. 전리품으로 로마에 가져온 그리스의 미술품들이 로마를 매료시키고 로마 귀족들이 그리스 따라잡기 유행에 휩쓸렸기 때문이었다. 바른생활 사나이 카토는 순박한 로마의 정신이 사치스런 그리스 명품 미술에 오염되어 나라가 결딴나게 생겼다고 우려했던 모양이다.

그리스의 미술은 로마인들의 열광적인 평가에 앞서 이미 기원전 5~4세기 동시대인들로부터 높이 평가받았다. 물경 시가 수십억을 호가하는 미술품을 사재기하고 투기의 대상으로 삼는 전문 작전세력이 등장하는가 하면, 예술가를 신성시하는 풍조도 생겨났다. 이런 전례 없는 현상들은 모두 그리스 미술의 눈부신 진보에 힘입은 것이다. 지금부터 2,500년 전, 올리브와 포도나무밖에 자라지 않는 척박한 지중해의 한 귀퉁이 그리스 땅에서는 도대체 무슨 일이 있었던 것일까?

## 회화의 탄생

최초의 회화는?

아주 단순한 질문이다. 그러나 섣불리 대답하기도 조심스럽다. 최초의 회화가 어떻게 시작되었는지를 묻는 쉽고도 까다로운 질문에 대해서 그리스인들은 얄미울 정도로 슬기로운 대답을 내놓는다. 기원후 1세기 로마 군인 플리니우스가 쓴 『박물지』를 읽어보면 관련 언급이 두 차례 나온다. 아주 옛날 이집트에서 회화가 시작되었을 텐데, 그 문제는 일단 접어두고 그리스에서 처음으로 회화라는 장르가 발명된 사연을 기록하고 있다. 기원을 묻는 같은 질문을 두고 대답이 두 가지로 나뉜 것은 플리니우스가 남의 글을 읽고 요약해서 그랬을 것이다.

회화를 처음 발명한 사람은 귀게스. 동굴 벽에 비친 제 그

「오종경기 선수들」.
에우필레토스 화가의 판아테나이아 제전 암포라 그림. 기원전 520~500년. 런던 대영박물관.
그리스의 화가들은 모래밭에서 연습하는 운동선수들을 직접 관찰하면서 인체의 움직임에 대한 표현을 익혔다.

림자를 보고 윤곽선을 따라 그렸는데, 그게 최초의 회화작품이었단다. 회화를 발명한 또 한 사람은 부타데스의 딸이다. 부타데스는 그릇 굽는 도공인데, 그의 딸이 옆집 총각과 사랑에 빠졌다. 그런데 그만 헤어질 날이 다가왔다. 총각이 싸움터에 나가기 위해 멀리 떠나야 했기 때문이었다. 안타까운 마음에 몸이 달아오른 도공의 딸은 옆집 젊은이를 불러다놓고 벽에 기대어 서게 한 다음, 호롱불을 비추었다고 한다. 그러자 벽에 그림자가 생기고, 도공의 딸은 얼른 연인의 그림자를 따라서 윤곽선을 새겼다는 것이다. 멀리 떠나면 다시 볼 날을 기약하기 어려울 것을 미리 헤아려서 이렇게 해서라도 보고 싶은 연인의 그림자라도 붙들려고 했다는 이야기이다.

플리니우스는 『박물지』에서 사랑하는 사람이 연인의 그림자를 벽면에 남긴 것이 회화의 기원이라고 설명한다. 도공 부타데스의 딸과 귀게스의 이야기는 둘 다 자연의 그림자를 회화의 기원으로 삼았다는 점에서 공통점이 있다. 어째 철학자

플라톤이 설명하는 동굴 이야기와 비슷하게 들린다. 플라톤은 눈에 보이는 현실의 모든 것이 마치 그림자와 같다고 설명한다. 플라톤은 현실이라는 놈이 자꾸 모습을 바꾸고 영원하지 못하다고 해서 그런 생각을 품었던 모양이다. 다시 말해 우리 눈에 보이는 세상은 동굴 벽에 비친 그림자인데, 우리는 지금 동굴 입구로부터 등을 돌리고 동굴 안쪽의 벽면을 바라보고 있는 상황이라는 것이다. 바깥에서 비친 빛이 눈앞에 어른대는 그림자를 드리우고, 우리는 그 그림자가 진짜 현실인 것처럼 착각하며 산다는 말이다. 플라톤의 동굴 이야기는 그림자를 통해 현실을 설명한다는 점에서 자못 흥미롭다. 철학자의 눈은 현실을 보면서 덧없는 그림자를 깨닫는 것처럼 보인다. 그러나 화가의 눈은 그림자를 통해서 현실을 기록하고 기억한다는 점에서 비슷하면서도 다르다. 하긴 철학자와 화가 모두 생각의 방향은 다르지만, 현실과 그림자의 바른 관계를 읽어내려는 노력은 닮았다고 할 수 있다.

약간 비틀어서 생각하면 회화를 발명한 공로를 인간에게 돌렸다는 점에서도 그리스의 정신을 읽을 수 있다. 만약 플리니우스가 기독교 신자였다면, 전능하신 창조주가 회화와 조각과 건축을 몽땅 발명했다고 우겼을 테니까. 가령, 흙으로 인간을 만들었대서 창조주가 테라코타의 원조라고 하던가, 우주의 행성들이 모두 둥글게 빚어졌으니 창조주가 최초의 물레를 고안했을 거라는 주장들도 그런 맥락에서 제기되었다는 사실을 고려하면 충분히 그러고도 남았을 것이다.

## 그리스 회화의 거장들

플리니우스는 고대 그리스 화가들의 다양한 일화를 소개하면서 그들이 이룬 미술의 진보를 하나씩 사례로 들어 열거한다. 회화는 처음에 원시적인 선긋기에서 출발해서 차츰 빛과 음영을 갖추고 색채를 띠면서 발전 단계를 밟는다. 선긋기, 곧 윤곽선 그리기에서 미술이 탄생한 시점을 정확히 밝히고 있지는 않지만 기원전 8세기 말께 초보적인 단계의 회화가 시작되었다고 본다. 플리니우스는 기원후 1세기에 활동한 저술가이다. 그랬으니 그로부터 400~500년 전, 아니 700~800년 전에 바다 건너 그리스에서 있었던 일들을 역사적으로 검증하기에는 어려움이 있었을 것이다. 문헌학적 방법론조차 확립되지 않았던 때였으니, 그저 여러 경로로 전해지는 문헌기록들을 들추면서 아마추어 논리로 대강 이랬겠군하며 고개를 끄덕여가며 요점을 정리했을 것이다.

여기서 잠시 그리스 미술이 어떻게 발전했는지 살펴보자. 플리니우스에 따르면 제18회 올림픽 기간(기원전 708~705년) 동안 회화는 한 가지 색을 사용하는 단색회화에 불과했는데, 이 시기의 화가로 휘기아이논, 데이니아스, 카르마다스를 언급하고 있다. 또 아테네의 화가 에우마레스가 처음으로 남자와 여자를 구분할 수 있는 그림을 그렸다고 말한다. 조각가 에우마레스는 6세기 중반에 활동했으니까 화가 에우마레스는 조각가와 동일인물이거나 손자로 추정할 수 있다. 또 클레오

「오디세우스와 폴리페무스」. 아테네에서 제작된 암포라의 목 부분 그림. 기원전 7세기. 엘레우시스 박물관. 엘레우시스. 기원전 8세기에 유행했던 엄격한 기하학 문양들이 차츰 해체되기 시작한다. 등장인물들의 표정과 자세에도 활력을 느낄 수 있다.

나이 출신의 키몬은 단축법을 발명하는가 하면 근육과 힘살, 핏줄의 형태와 옷 주름까지 표현하기 시작했다고 설명한다. 사람 얼굴을 옆으로 앞으로 돌린 모습뿐 아니라 아래에서 올려다본 모습, 위에서 내려다본 모습, 그리고 상체와 하체가 이리저리 비틀린 모습까지 거뜬히 재현했다니까 15세기 이탈리아 르네상스의 전성기에 만토바 화가 안드레아 만테냐가 선보인 단축법과 비교해도 조금도 뒤지지 않는다. 또 아크로폴리스 재건 프로젝트의 총감독을 맡았던 피디아스의 아우도 화가로 활동했는데, 이름이 파나이노스였다. 파나이노스가 활동한 시기에 코린토스와 델피에서 화가들이 모여서 솜씨를 겨루는 그림 경연대회가 개최되었다는 대목도 보인다. 요즘도 초등학생들이 경복궁 같은 데 모여서 고사리손으로 솜씨를 겨루는 전국 어쩌고저쩌고 하는 사생대회를 자주 볼 수 있는데, 말하자면 기원전 5세기 말에 기록으로 남아있는 최초의 미술 사생

대회가 개최되었던 셈이다.

### 미술과 진보

여기서 그림 경연대회란 것은 조금 특별한 의미를 갖는다. 서로 실력을 다투는 자리인 만큼 솜씨의 우열을 겨루었을 테고 또 우승자에게 포상도 있었을 것이다. 그림 주제나 재현 방식, 그리고 그림의 재료에 관한 조건도 시시콜콜 달았을 것이다. 그런데 그때 우승을 가리는 기준이 무엇이었을까? 보나마나 가장 잘 그린 그림이 상을 거머쥐었을 것이다. 누가 더 잘 그리나 겨루기 시작하는 바로 이 시점에서 우리는 미술의 경쟁과 진보가 촉발되는 첫 실마리를 읽는다. 이집트 미술에서처럼 하나의 완전한 본보기를 정해두는 경우였다면 누가 잘 그리느냐가 아니라 누가 똑같이 그리느냐를 따졌을 것이다. 아니, 이런 시합 자체가 열리지도 않았을 것이다. 그림 경연대회가 개최되었고, 이 사건이 역사에 기록되었다는 사실 하나만 보아도 당시 그리스 미술의 눈부신 진보가 예술을 보는 동시대의 관심을 한껏 달구었다는 사실을 짐작할 수 있다. 마침내 미술이 정해진 틀 안에 머물러 있지 않고 실험과 진보의 발걸음을 떼기 시작한 것이다. 이것은 미술의 새로운 활력으로 작용했을 것이다.

진보의 흐름은 곧 급물살을 타게 된다. 90회 올림픽(기원전 420~417년) 기간에 활동한 타소스의 폴리그노토스는 투명한

「테세우스와 미노타우로스」.
기원전 350년경의 원작 그림을 로마 시대에 모방해서 그렸다. 높이 81㎝. 폼페이 가비우스 루푸스의 집에서 발견. 나폴리 국립고고학박물관.
미노타우로스를 물리친 테세우스에게 아테네의 소년과 소녀들이 입을 맞춘다. 드라마의 한 장면처럼 많은 등장인물들이 극적인 줄거리를 이룬다. 인체의 표현, 채색기법, 옷 주름 처리, 심리 상태의 표현이 뛰어나서 미술의 진보에 대한 중요한 단서를 일러준다.

옷을 통해서 여자의 알몸이 바깥으로 비쳐 보이는 그림을 선보였고, 입술을 벌리고 이빨을 노출시켜서 보는 사람들의 시선을 사로잡았다고 한다. 가령 장르는 다르지만 기원전 5세기 초엽 올림피아의 제우스 신전 박공부 조각을 보면 반인반마 켄타우로스가 페이리토오스의 결혼식에 참가한 여인네들을 겁탈하는 장면에서 젖가슴이 노출되거나 하는 경우는 있었다. 파르테논 부조에서 아프로디테 여신이 은근슬쩍 옷자락을 흘려서 어깨를 드러내기도 했다. 그러나 얼굴 표정의 재현에서 입술을 벌리고 이빨을 드러내며 감정을 마음대로 지어내는 것은 고전기의 걸작인 파르테논 미술의 레퍼토리에도 없던 일이었다.

같은 시기에 활동한 화가로 아글라오폰, 에릴로스, 에우에노르도 빠트릴 수 없다. 에우에노르는 파라시오스의 아버지이다. 파라시오스는 아펠레스, 제욱시스와 더불어 그리스 회화의 명성을 전설로 올려놓은 천재화가 삼총사로 꼽히는 인물이다. 특히 기원전 5세기 말의 제욱시스는 그림 속에 포도송이를 그려서 새들이 날아들었다는 유명한 일화를 남겼고, 로도스의 화가 파라시오스와 경합을 벌인 이야기도 널리 회자되었다.

기원전 4세기 코스의 거장 아펠레스는 완성된 그림 위에 투명 유약을 덧칠해서 마감하는 기법을 고안했는데, 그것은 그림 속의 흰색을 돋보이게 하고 그림에 먼지 때가 달라붙는 것을 막고, 또 강한 색채를 부드럽게 만들어서 보는 사람의 눈을 피로하지 않게 했다고 한다.

알렉산드로스 대왕의 궁정화가로 활동했던 아펠레스에 대해서는 수많은 일화들이 전해지는데, 구렁이를 그려서 시끄럽게 지저귀는 새들을 쫓았다거나, 암말을 그렸더니 마구간의 수말이 그림을 덮치더라는 식의 감쪽같은 환영주의 미술에 관한 전설은 훗날 근대 미술의 본받을만한 본보기로 널리 인용되었다. 아펠레스가 대왕의 애첩 판카스페를 모델로 그렸다는 「바다 물거품에서 태어난 아프로디테」를 르네상스 시대의 피렌체 화가 보티첼리가 모방하는 바람에 유명해졌다는 것도 익히 알려진 사실이다.

한편 테베의 아리스테이데스는 그리스인들이 '에테'라고 부르는 사람의 감정과 내면을 표현하는 일에 능숙했고, 므나손은 전력 질주하는 사두마차와 사냥감을 포획한 사냥꾼, 또 도움을 애타게 청하는 여인을 소재로 삼고 그림을 그렸는데,

여인의 목소리가 마치 그림에서 울려 퍼지는 듯했다고 한다. 크세노폰의 책 『소크라테스 회상』에서 파라시오스에게 화가는 영혼의 표정을 그릴 수 있다고 설득한 소크라테스의 주장이 사실은 동시대 화가들의 주요 관심사였던 셈이다. 또 카우노스의 프로토게네스는 그림을 네 겹으로 겹쳐서 그렸다고 한다. 바깥쪽의 한 겹이 상하더라도 그 아래의 착색층이 차례로 노출되어서 항상 새 그림처럼 보였다고 한다. 아스클레피오도로스는 재현의 정확한 척도 때문에 아펠레스로부터 칭찬을 받았고, 니코마코스는 빼어난 붓 솜씨뿐 아니라 빠른 붓놀림에서도 따를 자가 없었다고 한다. 시인 텔레스테스를 기리는 그림을 단 며칠 동안 완성해서 시퀴온의 참주 아리스트라토스를 놀라게 했다는 일화가 전해진다. 니코파네스는 섬세하고 정감 넘치는 필체로 주목받았는데, 붓의 정교함과 고귀함이 제욱시스나 아펠레스에 비길만했다고 한다. 이처럼 일찍이 없었던 새로운 기법들이 꼬리를 물고 또 화가들끼리 서로 경쟁과 격려를 아끼지 않으며 새로운 표현 가능성을 실험하는 사이에 미술이 걸음걸이를 재촉하고, 미술을 향유하고 소유하려는 수요층이 자연스레 형성되고, 나아가 독자적인 미술 거래 시장을 마련하는 밑거름이 되었을 것이다.

### 제욱시스와 아펠레스

그림 속에다 포도를 그렸더니 새들이 그림 속에 날아들었다는 제욱시스의 믿거나 말거나 일화는 서양미술사에서 지겹게 되풀이되는 이야기이다. 사건이 발생한 시점은 삼국유사에 기록된 솔거의 담징 벽화보다 1,000년쯤 앞섰으니 '눈속임 그림' 분야의 원조 격이다. 모르긴 몰라도 솔거가 제욱시스를 개인적으로 만났더라면 '형님'하고 정확히 구십도로 허리를 꺾었을 것이다.

끝없이 인용되는 일화인데도 정확하지 않은 인용 사례가 많으니 여기서 잠시 원문을 소개한다.

> 파라시오스는 제욱시스와 한 차례 경합을 벌인 일이 있었다. 제욱시스가 포도송이를 그럴싸하게 그려서 전시하자 새들이 그림으로 날아들었다고 한다. 한편 파라시오스는 휘장을 실감나게 그려서 내놓았다. 새들의 판정을 보고 내심 우쭐해진 제욱시스가 파라시오스에게 휘장을 걷어내고 그림을 좀 보게 해달라고 요구했다. 그 순간 제욱시스는 자신의 오류를 깨달았다. 부끄러운 심정으로 우승을 양보하면서, 자신은 새들을 속였으나 파라시오스는 예술가를 속였노라고 고백했다는 것이다. (플리니우스의 『박물지』 35권, 65)

'새들이 그림으로 날아들었다'는 대목은 라틴어 표현 'in scenam aves advolaverunt'를 옮긴 것이다. 여기서 그림을 뜻하는 'scena'가 정확히 무엇을 가리키는지는 알 수 없다. 혹시 연극 무대장치의 배경 그림이 아니었을까? 상식적인 개념의 나무 패널 그림이었을 수도 있다. 더 복잡한 논의는 그만두고 '새들이 그림으로 날아들었다'라고 보면 무난하다.

제욱시스가 파라시오스와 붓의 우열을 겨루었다는 일화를 통해서 플리니우스는 '경쟁하는 예술가'의 토포스를 재차 반복한다. 여기서 제욱시스가 그린 포도송이를 보고 새들이 날아들었다는 이야기는 단순한 '예술가들의 경쟁'의 단계를 넘어서 '예술과 자연의 경쟁'으로 전개된다. 그러나 사건은 이제 시작일 뿐이다.

제욱시스가 실감나게 그린 포도그림이 새들의 눈을 속인 것을 목격한 파라시오스는 그림 위에 붓으로 휘장을 그려넣어서 경쟁자를 무색하게 한다. 그림을 자세히 들여다보기 위해서 휘장을 걷어내려던 제욱시스가 자신의 잘못을 깨닫고 "내가 파라시오스에게 졌소"하고 패배를 시인했다는 것이다. 이로써 자연에 대한 예술의 우위가 확정된다. 제욱시스의 포도송이가 자연과 어깨를 나란히 겨루는 예술의 효과를 거두었다면, 파라시오스의 휘장은 자연을 속이는 화가의 눈을 속임으로써 자연을 능가하는 예술의 승리를 선언한다. 자연의 눈을 속이는 제욱시스의 재능은 여기서 그치지 않고 후대의 미술론에 극단적인 자연주의나 착시화의 이른 계보를 마련한다는 점에서 그 의미를 되새겨둘만하다. 가령 이탈리아 화가 조토가 스승 치마부에의 그림 위에 파리를 몰래 그려두었는데, 스승이 착각하고 손바닥으로 내려쳤다는 일화나 미켈란젤로의 그림에 뒤러가 거미를 그려넣어서 감쪽같이 속인 이야기, 티치아노가 그린 교황 바오로 3세가 행인들의 인사를 받았고, 라파엘로가 그린 레오 10세에게 서명을 받기 위해 추기경이 잉크병을 들고 기다렸으며, 렘브란트의 하녀가 주인의 자화상과 주인을 혼동하는 이야기 등은 아틀리에 교육과정에서 지칠 줄 모르고 되풀이되었다. 이들은 모두 플리니우스의 기록을 외우고 있었던 것이다.

제욱시스에 관한 또 다른 흥미진진한 일화 가운데 루키아노스가 전하는 것도 하나 있다. 이 이야기는 누구와 붙어서 실력을 겨룬 내용은 아니고, 그림의 주제와 재현 방식 그리고 그 그림을 보는 시점의 문제가 우리의 눈길을 끈다. 고대 그리스 회화에 과연 원근법이 존재했느냐 하는 문제에서 흔히 인용되는 대목이다. 루키아노스의 긴박감과 유머가 넘치는 문장이 볼만하다.

> 근사하게 펼쳐진 푸른 풀밭에 암놈 켄타우로스가 배를 깔고 뒷다리를 뒤로 내뻗은 채 느긋하게 쉬고 있다. 그러나 상체는 팔꿈치를 고이고 한가롭게 세웠다. 앞다리는 뒷다리처럼 길게 뻗지 않았다. 그랬다면 옆으로 비스듬히 누운 것처럼 보였을 것이다. 앞다리 하나는 발굽을 뒤로 구부려서 무릎으로 받친 듯한데, 다른 하나는 말이 노상 그런 것처럼 몸을 일으킬 듯이 땅을 차고 버텼다. 새끼를 두 마리 데리고 있는데, 하나는 양팔로 끌어안고 젖을 먹이는 중이다. 다른 새끼 하나는 어미 배 밑에 누워서 망아지처럼 젖을 빤다. 암

놈 켄타우로스 위쪽으로 수놈 켄타우로스 하나가 말 몸뚱아리의 반절쯤 몸을 내밀고 있다. 남편인가 보다. 정답게 웃으면서 암놈을 굽어보고 있는데, 한 손에 사자 새끼를 한 마리 들고 있다. 그걸 가지고 장난삼아 새끼들을 놀래킬 궁리를 하는 것 같다.

이 그림은 더 없이 완전한 기량으로 완성되어서 내가 가진 짧은 지식으로 다 설명하기 어렵다. 얼른 눈에 띄지는 않지만, 회화 예술이 구사할 수 있는 모든 것을 다 포괄하고 있어서, 나는 미술을 탐구하는 것을 본령으로 삼는 젊은이들에게 이 걸작 속에 오롯이 구현된 고귀한 아름다움들을 응당한 가치에 따라 찬미하는 역할을 맡기고자 한다. 다시 말해, 윤곽선을 그르치지 않고 올바르게 치는 법, 색채를 제대로 고르고 치우치지 않게 섞는 법, 음영의 농담을 능숙하게 맞추는 법, 부분 소재들 사이에 적절한 비례의 척도를 잡고 이로부터 그림 전체의 조화로운 균형을 끌어내는 법 등이 바로 그것들이다.

개인적 시각으로 판단하기에 제욱시스의 작품에서 가장 끌리는 것은 그가 오직 한 가지 그림소재를 다루면서 미술이 이룰 수 있는 궁극의 완성을 다양하면서도 유쾌한 대비의 방식으로 재현할 줄 안다는 점이다. 가령, 수놈 켄타우로스는 어디를 보나 섬뜩하고 사나운 느낌이 든다. 사자 갈기처럼 곤두선 머리털하며 털북숭이 몸뚱이와 근골이 실한 늠름한 어깨 그리고 웃는 눈빛에도 불구하고 거칠고 야수적인 기운이 그러한데, 한 마디로 이 모든 요소들이 제욱시스의 붓으로 그려진 근사한 반인반마의 성격을 조탁하고 있다. 한편, 암놈 켄타우로스는 어디까지나 말의 혈통을 타고난 만큼 우리가 익히 알고 있는 대로 명마의 출산지로 이름난 테살리아 종 가운데서도 사람 손을 타지 않고 등허리에 사람을 태운 적도 없는 가장 아름다운 암말에 견줄만하다. 암놈의 윗몸은 흠잡을 데 없이 아름다운 여성의 자태를 하고 있다. 딱 하나, 사티로스 냄새가 다분히 나는 귀 두 짝만 빼놓으면 말이다. 또 제욱시스는 반인반마의 존재를 그리면서 인간과 동물의 몸을 기막힌 솜씨로 붙여놓았다. 한쪽과 다른 쪽의 연결이 전혀 표시가 나지 않을뿐더러 이어지는 부분이 어찌나 감쪽같이 잦아드는지 눈에 불을 켜고 보아도 시작하고 끝나는 경계를 알아낼 길이 없다. 내가 보기에 또 하나 볼만한 것은 갓 태어난 새끼 켄타우로스들이다. 또래 아기들이 으레 그렇듯이 귀엽기는 하지만, 어딘가 이미 사납고 흉폭한 구석이 엿보인다. 새끼 켄타우로스들은 새끼

「균형잡기 놀이」.
기원후 2세기 로마 시대 모자이크 57.9x 56.5cm. 베를린 페르가몬 박물관.
디오니소스 축제 이틀째 날에 돼지가죽에 바람을 불어넣고, 그 위에 올라가서 균형을 잡는 놀이를 즐겼다. 이 그림에서 축제의 주인공들은 꼬리가 달린 사티로스들이다. 그림 구성이 루키아노스가 기록한 제욱시스의 「켄타우로스 가족」과 매우 흡사하다.

사자를 올려다보고 아이들 특유의 호기심과 더불어 겁먹은 듯한 표정을 보이면서도 어미 품에 달싹 달라붙어서 열심히 젖을 빨고 있다.

제욱시스는 이 그림을 처음 공공장소에 전시하면서 자신만만했다고 한다. 사람들이 이 그림을 보고 누구나 예술에 대해서 그리고 기량의 완벽성에 감탄할 것을 알았던 것이다. 그림을 본 사람들은 실제로 뜨거운 찬사의 표식을 숨기지 않았다. 이처럼 기막힌 작품을 보면서 저절로 우러나온 반응이었다. 그러나 이들이 이 작품에서도 하나같이 입을 모아 칭찬하는 것은 앞서 언급했던 나의 후원자들이 내 글을 읽고 감탄했던 바와 똑같이 일찍이 누구도 엄두를 내지 못했던 새로운 '창의의 기이함'이다. 그러나 제욱시스는 사람들이 소재의 참신성에만 정신이 쑥 빠져서 화가의 능숙하고 빼어난 기량을 미처 눈치채지 못할 뿐 아니라 나아가서 화가가 그림의 각별한 부분마다 열성을 쏟아 부었지만 그들 눈으로는 다만 대수롭지 않게 치부하는 것을 보고는 제자 가운데 하나를 불러서 이렇게 일렀다. "미키온. 그림을 다시 꾸리거라. 철수하자. 이분들은 작품에서도 가장 별 볼일 없는 부분만 치켜 올리는구나. 화가가 한껏 솜씨를 부리고 또 자랑스러워하는 짜임새의 아름다움은 거들떠도 안 보니 말이지. 새 것이다 싶으면 다른 것들은 안중에도 없나 보구나." 내 생각에 제욱시스가 이렇게까지 말한 것은 공연히 민감해져서 그랬던 것 같다. (루키아노스, 『제욱시스 또는 안티오코스』, 4-7)

특히 인용문의 앞쪽에서 "암놈 켄타우로스 위쪽으로 수놈 켄타우로스 하나가 말 몸뚱아리의 반절쯤 몸을 내밀고 있다. 남편인가 보다. 정답게 웃으면서 암놈을 굽어보고 있는데, 한 손에 사자 새끼를 한 마리 들고 있다. 그걸 가지고 장난삼아 새끼들을 놀래킬 궁리를 하는 것 같다"는 대목은 어찌나 생생한지 켄타우로스 가족이 장난치는 광경이 손에 잡힐 것 같다. 여기서 암놈 켄타우로스 위쪽으로 수놈 켄타우로스가 몸을 내밀고 있는데, 아래에서 평화롭게 젖을 물고 있는 새끼들을 놀래킬 궁리를 한다는 상황에 주목하자. 수놈은 분명히 위쪽이면서 동시에 뒤쪽에 위치하는 것으로 보인다. 뒤쪽의 대상을 위쪽에 배치하는 방식은 흔히 '공간 원근법'으로 알려져 있다. 가장 멀리 있는 구름을 그림 제일 위쪽에다 그려넣고, 가장 가까운 강물을 그림 앞쪽에 두는 방식은 동양 산수화에서도 익숙한 기법이다.

앞서 제욱시스와 파라시오스가 자연을 속이는 그림으로 붓의 신기를 다투었다면, 아펠레스와 프로토게네스의 한판 승부도 당대의 호사가들 입에 무던히도 오르내렸다. 이번에는 붓의 정교한 사용에 관한 기술적 내용이 주제이다.

> 프로토게네스와 아펠레스 사이에 있었던 사건은 흥미롭다. 프로토게네스는 로도스에 살고 있었다. 아펠레스는 로도스에 도착하자 지금껏 명성으로만 들어서 알고 있던 프로토게네스를 만나고 싶은 마음에 들떠서 곧장 그의 작업실로

발길을 재촉했다. 그러나 주인은 마침 집을 비웠고, 늙은 노파 한 사람이 그림을 그릴 준비가 되어있는 커다란 패널을 이젤에 받쳐두고 집을 지키고 있을 뿐이었다. 노파는 프로토게네스가 외출중이라 집을 비웠으니 손님의 존함이나 남겨 주십사고 요청했다. '나는 이런 사람이요'하면서 아펠레스는 한 가지 색을 묻힌 붓을 들어 패널 위에 지극히 섬세한 선을 그었다. 나중에 프로토게네스가 집으로 돌아오자 노파는 낮에 이러저러한 일이 있었노라고 말해주었다. 전하는 말에 따르면, 프로토게네스는 그어진 선을 가만히 들여다보고 나서, 이토록 완벽한 솜씨를 뉘라서 흉내 내겠느냐면서 아펠레스가 왔었군, 하고 중얼거렸더라는 것이다. 그리고나서 붓에 다른 색을 묻혀서 이미 그어진 선 안에 더욱 섬세한 선을 그려넣더니 다시 자리를 비우며 노파에게 일러두기를, 만약 아펠레스라는 자가 다시 온다면 이것을 보여주고 손님이 찾으시는 분이 그렸노라고 말씀드리도록 시켜두었다. 그리고 실제로 예상했던 일이 일어났다. 아펠레스가 작업실을 다시 찾은 것이다. 그러나 자신의 솜씨가 제압당한 것을 보고 부끄러운 마음을 이기지 못한 아펠레스는 세 번째 색을 묻힌 붓으로 몇 가닥의 선을 그려넣어서 더 이상 섬세한 선을 그려넣을 빈자리를 남겨두지 않았다. 이를 본 프로토게네스는 자신의 패배를 인정하고 찾아온 손님을 좇아서 서둘러 항구까지 내려갔다. 사람들은 이 그림을 후세에 남기기로 했다. 모든 이의, 특히 예술가들에게 찬탄을 주기 위해서였다. 내가 듣기로 이 그림은 팔라티노 언덕

위에 있는 카이사르 저택에 첫 화재가 났을 때 불에 타버리고 말았다. 그 전에는 로도스 섬에 보관되어 있었는데, 커다란 그림 위에는 보일락말락한 선 이외에 아무 것도 없었다고 한다. 많은 예술가들이 남긴 훌륭한 작품들과 견주어 마치 아무 것도 그려지지 않은 그림처럼 텅 비어 있었지만, 바로 그것 때문에 많은 관람객의 발길을 끌었고, 어떤 다른 예술품보다 유명했던 것이다. (플리니우스의 『박물지』 35권, 81-83)

프로토게네스를 방문한 아펠레스가 패널 위에 눈에 보일 듯 말 듯한 지극히 정교한 선을 그려넣은 뒤, 프로토게네스가 그 선 안에 더욱 섬세한 선을 그려넣었고, 마지막으로 아펠레스가 그 안에 다시 선을 그려넣어서 더 이상 다른 선을 그려넣을 자리를 남겨두지 않았다는 선 그리기 시합에 관한 일화는 르네상스 이후 '소묘를 연습하지 않고는 단 하루도 헛되이 보내지 않는다(nulla dies sine linea)'는 아펠레스의 경구적 교훈과 함께 화가의 소묘능력과 붓의 숙련에 관한 비유로 널리 유포되었다. 나아가서 '지극히 섬세한 선(linea summae tenuitatis)'을 그리는 고대 화가들의 경합에 관한 이야기는 여러 차례 다른 관점에서 해석되었다.

알베르티의 경우 고대 화가로부터 배운 지극히 섬세한 선의 실행을 회화의 세 가지 기본 요소 가운데 첫째인 윤곽선 그리기(circumscriptio)와 연결시킨다. 고대의 일화가 소묘행위로 해석된 것이다. 이에 비해 기베르티는 두 화가가 세 단계에 걸쳐 진행하는 경합을 원근법이 단계적으로 완성되어가는 과정으로 읽는다. 바로 원근법이 제기하는 문제가 해결되었기 때문에 사람들의 찬탄을 불러 일으켰다는 것이다. 16세기에 들어서자 바사리는 고대의 일화와 견줄만한 같은 주제의 르네상스 일화를 소개한다. 피렌체의 화가 지오토가 고대의 화가와 솜씨를 겨루기 위해서 아무 도구도 사용하지 않고 완전한 형태의 원을 그려서 지오토의 이름 한가운데 끼어 있는 'O di gi-O-tto'보다 더 동그란 동그라미를 그려서 참된 화가로 인정받았다는 것이다. 16세기 후반에 등장하는 아펠레스-프로토게네스 일화에 대한 해석들은 기존의 해석지평을 더욱 확장시킨다. 아펠레스와 프로토게네스가 그렸다는 '지극히 섬세한 선'에 대한 가장 최근의 해석은 곰브리치가 내놓았다. 이들이 붓으로 그린 세 단계의 선들을 조형성을 획득해가는 회화의 노력으로 보고, 선 안에 다른 선을 그리는 행위는 곧 다른 명도의 색으로 물체의 양감을 생산하려는 원근법적 해결로 해석한다. 선의 형태로 길게 그어진 붓 자국은 그 너비의 간격 안에 세 가닥의 다른 색선을 포함한다. 여기서 중심부분은 가장자리보다 밝게 빛나는 돌출부를 형성하기 때문에 세 단계에 걸쳐서 그어진 선의 마지막 형태는 양감 있게 돌출한 것처럼 보이는 효과를 갖는다는 주장이다. 곰브리치는 아펠레스가 그은 첫 붓 자국이 어두운 색으로 칠해졌다고 가정한다. 프로토게네스는 검은 붓선 안에 밝은 색으로 더욱 가느다란 선을 그려넣어서 단색으로 칠해진 선을 더욱 잘게 쪼개질 수 있는 하나의 평면으로 재구성한다. 그뿐 아니라 색조의 음영 차이를 이용해서 한 가닥의 선으로부터 삼차선적 체적의 환영을 구한다. 마지막 단계에서 아펠레스는 밝고 어두운 색이 평행을 달리는 붓 자국의 경계부분에 더없이 미세한 선을 그려넣음으로써 빛에 의한 돌출효과를 극대화하고 더 이상의 붓질이 불가능하도록 시합을 마무리했다는 것이다. 개요는 이렇다.

제 1 단계

| |
|---|
| 아펠레스가 그린 어두운 색조의 선 |

제 2 단계

| |
|---|
| 아펠레스의 어두운 선 |
| 프로토게네스가 덧그린 밝은 색조의 선 |

제 3 단계

| |
|---|
| 아펠레스의 어두운 선 |
| 아펠레스가 마지막으로 그린 가장 밝은 색조의 선 |
| 프로토게네스의 밝은 선 |

여기서 곰브리치의 해석은 두 가지 오류를 간과한다. 플리니우스의 원문에 의하면 마지막 단계에서 아펠레스는 '세 번째 색을 가지고 여러 차례 선을 그어서(reverit enim Apelles... tertio colore lineas secuit)' 경합을 끝낸 것으로 기록되어 있으나,

곰브리치는 아펠레스가 단 한 가닥의 지극히 미세한 선을 그었다고 보았다. 또 하나의 오류는 색의 선택 순서에 관한 것이다. 프로토게네스가 그림을 그리기 위해 준비해 두었던 화판 위에 아펠레스가 남긴 붓 자국이 보일 듯 말 듯 지극히 정교한 선이었다는 점을 감안한다면, 그리고 집으로 돌아온 프로토게네스가 붓 자국을 확인하기 위해 노파가 가리켜준 부분을 유심히 들여다보고서야 확인할 수 있었다는 점을 상기한다면, 아펠레스의 첫 번째 선은 곰브리치가 가정했듯이 어두운 색이 아니라 오히려 밝은 색으로 그려졌을 가능성이 높다. 시각적으로 포착하기 어려웠다는 선은 '지극히 가느다란' 선이 아니라, 통상적으로 밝게 처리하는 패널의 밑칠과 거의 구별되지 않는 '지극히 섬세한 색조의' 물감으로 그린 선이었을 것이다. 그렇다면 두 번째 프로토게네스의 선은 어두운 색조의 안료를 사용해서 아펠레스가 남긴 선 위에 부분적으로 덧그림으로써 음영과 양감을 부여하고 살붙임의 효과를 얻었을 것이다. 마지막으로 아펠레스는 이미 그어진 선의 바깥 경계를 넘어서지 않는 범위 안에서 여러 차례 붓을 들어 '여러 가닥의 선을' 그려넣었다고 한다. 세 번째 단계에서 아펠레스가 하나의 빛나는 선을 밝고 어두운 색선의 경계를 따라서 그었으리라는 곰브리치의 견해는 명백하게 플리니우스의 기록에 어긋난다. 세 번째 색깔로 여러 선들을(tertio colore lineas) 그렸다는 사실을 세 번째 선을(tertiam lineam) 그린 것으로 오독한 것이다.

과연 아펠레스는 어떤 색으로 어느 부분에 자신의 마지막

붓을 대었을까? 여기서 두 화가가 굵기가 다른 여러 자루의 붓을 사용해서 경합을 벌인 것으로 보기는 어렵다. 플리니우스가 붓의 종류에 대해서 전혀 언급하고 있지 않을뿐더러, 다만 '다른 색을 가지고'라고 표현한 것으로 미루어 세 단계의 붓질이 모두 한 종류의, 또는 동일한 붓으로 실행되었을 개연성이 크다. 선에 양감을 부여해서 화면배경으로부터 형태가 돌출해 보이는 이른바 조형효과를 지향한다는 전제 아래 논의를 전개하자면 플리니우스의 '지극히 섬세한 선'에서 대략 두 가지 해결 가능성을 가정할 수 있다. 첫째는 가장 어두운 색을 사용해서 프로토게네스가 덧그린 부분을 다시 미세하게 잘라내어 그 위에 덧그리는 한편, 처음에 자신이 그렸던 부분도 지극히 미세한 부분만 남겨두고 덧칠했을 경우이다. 이때 색조의 차이에 의해 생산된 진퇴효과와 어둡고 밝은 부분의 점진적, 급진적 이행은 빛의 방향성과 대상의 양감을 한층 생생하게 드러내기에 적합하다. 개요는 이렇다.

해결 1

| |
|---|
| 아펠레스가 마지막으로 그린 가장 어두운 색조의 선 |
| 아펠레스가 처음으로 그린 밝은 색조의 선 가운데 남은 부분 |
| 프로토게네스가 어두운 색조로 아펠레스의 선 위에 덧그린 부분 |
| 아펠레스가 마지막으로 그린 가장 어두운 색조의 선 |

두 번째 가능성은 아펠레스가 패널의 바닥 면에 초벌로 발

라둔 밑칠과 똑같은 색을 사용해서 자신이 처음에 그렸던 부분과 프로토게네스에 의해 덧칠한 부분을 먹어 들어가는 방법이다. 밑칠 작업에 사용했던 안료가 작업실에 다소 남아있었더라면 아펠레스가 굳이 새로 안료를 마련할 필요 없이 그것을 떠서 사용하기에 용이했을 것이다. 이 해결이 가장 어두운 색의 사용을 통해서 프로토게네스가 앞서 그렸던 음영 부분을 다시 물질화하고 분절한 것이라면, 두 번째 해결은 그려진 부분을 지우고 배경 면을 확장함으로써 대상의 정교함을 더하는 방법이다. 개요는 이렇다.

해결 2

| |
|---|
| 아펠레스가 마지막으로 밑칠과 같은 색으로 덧그려서 지워낸 부분 |
| 아펠레스가 처음으로 그린 밝은 색조의 선 가운데 남은 부분 |
| 프로토게네스가 어두운 색조로 아펠레스의 선 위에 덧그린 부분 |
| 아펠레스가 마지막으로 밑칠과 같은 색으로 덧그려서 지워낸 부분 |

### 아펠레스

미술의 역사를 통틀어서 최고의 예술가는? 그건 단연 다이달로스다. 미로를 건설하고, 크레타 왕비 파시파에에게 아름다운 암소를 만들어주고, 밀납을 녹여 붙인 깃털날개로 신화의 하늘을 맘껏 날아올랐던 만능 천재의 이야기는 그 자체로 예술가의 전설이다.

그러나 화가 가운데 최고를 딱 한 명만 꼽으라면? 잠시 500년쯤 전 르네상스 시대로 돌아가서 질문을 던진다면, "아 그건 당연히 아펠레스지"하는 대답이 돌아왔을 것이다. 아펠레스는 두말할 나위 없이 화가의 제왕이요, 붓의 신기를 이룬 예술적 천재의 본보기로 통했다. 가령 멋진 그림을 감상하면서 화가를 추켜세울 요량으로 "아펠레스 저리 가라로군"하고 말하면 더 없는 찬사로 얼굴이 상기되곤 했다.

가령, 피렌체 화가 보티첼리는 「비너스의 탄생」을 그리고 "아펠레스라도 이만큼은 못 그렸을 것"이라는 평가를 받았고, 베네치아 화가 티치아노는 「악타이온의 죽음」을 그려서 "두 번째 아펠레스"라는 칭호를 들었다. 그 밖에도 벨리니, 시뇨렐리, 플링크, 브뢰겔, 홀바인, 렘브란트 같은 뜨르르한 화가들이 "아펠레스가 다시 태어났다"라는 칭찬에 입이 벌어졌고, 수많은 화가들이 아펠레스의 발치라도 붙들려고 그의 일화를 흉내내기 바빴다. 아펠레스가 그렸다는 그림 소재를 똑같이 따라 그리는 화가부터 그의 생애와 일화들을 시시콜콜 꿰는 인문학자들까지 아펠레스가 근대 예술계를 휩쓸었다.

그렇다면 아펠레스는 어떤 인물이었을까? 화가의 가치는 예나 지금이나 작품 값으로 결정되는 법이다. 기원전 4세기에 활동했던 아펠레스는 알렉산드로스 대왕이 벼락을 쥐고 있는 그림 한 점을 그려주고 돈 대신 황금을 달아서 20탈렌트를 받았다고 기록되어 있다. 무게 단위로 사용하는 1탈렌트는 32.7kg. 그런데 20탈렌트니까 현재 시가로 환산하면 약 600억이다. 물론 고흐나 렘브란트도 수백억씩 호가하지만, 그건 화가가 죽고 나서의 일이다. 화가가 생전에 받은 그림 값으로는 아펠레스가 고금을 통틀어서 으뜸일 것이다.

아펠레스의 고향은 코스 섬이다. 코스는 의성 히포크라테스의 모교가 있던 곳이다. 지금도 그곳에 가면 섬 중턱에 학교와 병원 터가 남아있다. 아폴론이 바람을 피워 얻은 아들 아스클레피오스가 죽은 사람을 살려낸 죗값으로 제우스한테 죽임을 당하기 전에 바로 이곳 코스 섬에다 그리스 최초의 의과대학을 설립하고 히포크라테스가 의술을 이어받았다는 것은 신화를 웬만큼 아는 사람들 사이에 상식으로 통한다. 화가 아펠레스도 이곳에서 뼈가 여물었으니까 해부학쯤은 능통했을 것이다.

아펠레스는 기원전 352년께 태어나서 쉰을 못 채우고 308년에 죽었다. 활동 시기가 헬레니즘 제국을 건설했던 알렉산드로스 대왕(기원전 356~323년)하고 겹치는 셈이다. 아니나 다를까, 이런 일화도 있다. 에페소스의 아르테미스 신전에다 아펠레스가 알렉산드로스의 초상을 그려서 걸어두었는데, 대왕이 와서 보고는 제 얼굴하고 하나도 안 닮았다고 투덜댔다. 그런데 타고있던 애마 부케팔로스가 그 그림을 보고는 콧바람을 내뿜으며 반기는 것이 아닌가. 대왕이 의아해하자 아펠레스가 짐짓 혼잣말처럼 중얼거리는 것이었다. "차라리 주인보다 말이 더 낫구먼, 그림 보는 눈만큼은!"

대왕을 골탕먹인 이야기는 또 있다. 아펠레스가 알렉산드로스 대왕의 전속화가가 된 다음이다. 미술과 문예에도 식견이 있다는 대왕은 종종 아펠레스의 작업실에 들르곤 했다. 문제는 올 때마다 이 그림은 여기가 어쩌네 저쩌네, 토를 다는 것이었다. 다른 사람들 들으란 이야기겠지만, 아펠레스는 대왕이 그림에 대해 아는 척하는 것에 심사가 뒤틀렸다. 마침 작업실에서 시중하는 시동이 입을 가리고 킥킥대자, "엔간히 하시지요. 애들이 듣고 웃습니다"하며 일격을 날렸다고 한다.

아펠레스는 튀는 행동과 언사뿐 아니라 붓으로 말하는 진짜배기 화가였다. 한번은 밤새 새들이 지저귀는 소리가 시끄러워서 단잠을 설친 적이 있었다. 그래서 구렁이 한 마리를 큼직하게 그려서 나무에 걸쳐놓았더니 당장 새들이 자취를 감추고 말았단다. 꼭 선배 화가 제욱시스가 포도를 그렸더니 새들이 그림 속으로 다투어 날아들었다는 이야기하고 비슷하다. 이처럼 아펠레스의 그림은 자연을 쏙 빼닮았다고 한다. 관상쟁이 하나가 아펠레스가 그린 초상을 하나씩 들여다보면서 언제 죽을 팔자인지, 몇 해나 살았는지를 맞추었는데 그야말로 쪽집게였다고 한다. 관상쟁이나 화가나 여간내기들이 아니라는 생각이 든다.

아펠레스가 그린 초상들은 그야말로 실물을 빼닮았다고 한다. 도무지 믿기지 않는 이야기지만, 문법학자 아피온이 남긴 기록에 따르면 얼굴의 생김새를 보고 사람의 앞일을 예언하는 이른바 관상쟁이라고 불리는 이들 가운데 한 사람이 아펠레스가 그린 초상화를 보면서 과연 거기에 그려진 사람들이 언제 죽음을 맞이할지, 몇 해를 살아왔는지 쪽집게처럼 알아맞추었다고 한다.

또 이런 일도 있었다. 화가 여럿이 모여서 누가 말 그림을 제일 잘 그리나 내기가 붙었다. 다 그린 그림은 자기들끼리 돌아가며 심사하기로 했다. 그런데 아펠레스의 작품을 가지고는 다들 졸작이라고 입을 맞추는 것이 아닌가. 군말 없이 마구간으로 달려간 아펠레스는 말을 한 마리 끌고 왔다. 잡고 있던 수놈 말의 고삐를 놓자 다른 작품은 거들떠보지도 않고 대뜸 아펠레스가 그린 아름다운 암말을 향해 돌진했다고 한다. 자연의 눈을 빌려서 엉터리 예술가들의 콧대를 꺾은 셈이다. 그때 수놈 말이 어찌나 호되게 몰아붙였던지 그림이 남아나지 않아서 아쉬울 뿐이다. 아펠레스의 암말 이야기는 프로토게네스가 붓으로 그린 자고새를 보고 진짜 자고새 한 마리가 날아와서 목청껏 구애를 했다는 일화하고도 같은 줄기다.

아펠레스의 평생에 가장 통쾌한 일화를 대라면 알렉산드로스 대왕의 애인을 찜했던 사건이다. 대왕은 잘 알려진 대로 춤솜씨가 현란한 록사나와 결혼을 하지만, 그전에는 더 아름다운 총희를 하나 데리고 살았다. 이름은 판카스페. 르네상스 이후에는 캄파스페라는 이름으로 더 많이 불렸다. 대왕은 판카스페가 어찌나 사랑스러운지 젊음이 시들기 전에 알몸 그림 하나쯤 기념으로 남겨야겠다고 마음먹는다. 플리니우스는 이

일을 이렇게 쓰고 있다.

> 알렉산드로스 대왕은 또 한 차례 특별한 일화를 통해서 화가에 대한 경의를 표한다. 판카스페라는 이름의 총희가 있었는데, 그녀의 아름다움에 대해서 늘 경복을 금치 못하던 대왕이 명을 내려서 아펠레스로 하여금 그녀의 벗은 몸을 그리게 했다. 그러나 대왕의 명대로 작업을 시작한 아펠레스가 대왕의 총희를 사랑하게 되었다는 사실이 발각되었다. 그러자 대왕은 화가에게 여인을 선물로 하사한다. 위대한 대왕의 너그러운 천성 탓이기도 했지만, 자신을 이기는 대왕의 자제심은 더욱 위대했고 그의 관대한 행동으로 말미암아 일찍이 대왕이 거두었던 어떤 다른 승리에 견주어 모자라지 않는 위대함을 이루었다. 이유는 이렇다. 대왕은 다름 아닌 자기 자신을 이겨냈으며, 자신이 소유했던 총희뿐 아니라 그의 애정까지도 화가에게 내주었기 때문이다. 그것도 한때 자신이 소유했으나 지금은 화가의 품에 안기게 될 여인에 대한 사랑도 아랑곳하지 않고 접어둔 채로!

"아니, 저것들이!" 하고 눈을 부릅떴던 대왕이 화가 아펠레스에게 애첩을 양보했다는 이야기는 지상의 권력이 예술의 천재에게 아름다움의 영광을 넘겨주었다는 미학적 도식으로도 읽힌다. 플리니우스는 뒷사연을 이렇게 전한다.

> 아펠레스는 판카스페를 모델로 삼아서 「바다 거품에서

태어나는 비너스」를 그렸다.

샛별처럼 아리따운 아내를 얻은 화가가 사랑의 여신 비너스를 창조했다는 말이다. 판카스페도 세계 제국의 안주인 자리를 놓치긴 했지만 회화의 영토에서 더 없는 신성을 꿰찼으니 그리 밑진 장사도 아니었다. 아펠레스 이야기는 조각가 프락시텔레스가 아테네의 정치 실세들을 품에 넣고 주무르던 아름다운 창녀 프리네를 아내로 취해서 「크니도스의 비너스」를 조각했다는 일화와도 퍽 닮았다.

아펠레스는 또 붓 솜씨 덕분에 생명을 건지기도 했다. 루키아노스의 기록을 보면 그의 재능을 시기하던 화가 안티필로스가 프톨레마이오스 1세에게 아펠레스가 왕위 전복을 꾀했다고 위증한다. 하루아침에 대역죄인이 된 아펠레스는 결백을 입증하기 위해 자신이 등장하는 우의화를 한 점 그리는데, 이 그림을 본 왕은 그의 결백을 믿고 오히려 위증자를 처벌했다고 한다.

알렉산드로스 대왕의 후계 가운데 프톨레마이오스와 아펠레스는 사이가 좋지 않았다. 프톨레마이오스가 이집트의 왕으로 있던 때에 때마침 항해중이던 아펠레스가 거친 풍랑에 떠밀려서 알렉산드리아에 기착한 일이 있었다. 그의 경쟁자 가운데 한 사람이 나쁜 마음을 먹고 왕의 어릿광대를 사주하여 아펠레스를 만찬에 초대하게 했다. 아펠레스가 만찬에 모습을 드러내자 프톨레마이오스 왕은 크게 노했다. 만찬을 주최한 가신들을 줄지어 세워두고 아펠레스를 초대한 자가 누구인지 닦달하기 시작했다. 아펠레스는 곧 화덕에서 불씨가 사그라든 숯덩이를 꺼내어 쥐고, 담벼락에 그 자의 초상을 그렸고, 소묘를 시작하자마자 왕은 이내 어릿광대의 얼굴을 알아보았다.

「아펠레스의 모함」으로 불리는 이 작품은 르네상스 미술이론가 알베르티가 화가들이 마땅히 익혀두어야 할 시학 주제의 본보기로 꼽으면서 유명세를 탔다.

아펠레스의 그림은 이랬다고 한다. 커다란 귀를 가진 남자 옆에 여자 둘이 서 있는데, 하나는 무지, 다른 하나는 시기라는 이름으로 불린다. 맞은 편에서 모함이 다가온다. 모함은 눈부시게 아름답지만 어딘지 모르게 표정이 교활해 보인다. 모함은 오른손에 횃불을 들고 왼손으로는 한 소년의 머리채를 틀어쥐고 끌고 오는데, 소년은 하늘을 향해 두 팔을 높이 뻗고 있다. ……맨 뒤에 따라오는 것은 진실이다. 진실은 부끄러움과 수치로 어쩔 줄 몰라 한다. 그림에 대한 설명만 들어도 이렇게 좋은데, 그 유명한 화가 아펠레스의 붓으로 그린 그림을 본다면 얼마나 우아하고 사랑스러울지 그저 상상만 해도 즐겁다. (알베르티의 『회화론』 3권)

아펠레스가 제 재능을 믿고 콧대만 높았던 것은 아니다. 다

그린 그림은 대문간에 세워두고 그 뒤에 몰래 숨어있곤 했는데, 집 앞을 지나치던 행인들이 그림을 놓고 이러쿵저러쿵 하는 말을 듣기 위해서였다. 요컨대 비판을 달게 수용하는 겸손한 화가였다는 것이다. 또 주문자만 마음에 들어하면 그만이라는 그 당시 화가들의 관례적 사고에 비추어보면 대단한 파격이었다. 하루는 구두장이가 트집을 잡는 소리가 들렸다. 그림 속 등장인물의 신발에 끈을 매는 고리쇠가 하나 모자란다는 것이었다. 그림 뒤에 웅크리고 있던 아펠레스는 비판을 귀담아 두었다가 냉큼 고쳐 그렸다. 그런데 이튿날 그 구두쟁이가 또 와서는 등장인물의 다리 모양이 어째 부자연스러워 보인다며 아는 척을 하는 것이었다. 이번에는 아펠레스가 참을 수 없었다. 이래 봬도 해부학 전통이 살아 숨쉬는 코스 출신이 아닌가. 아펠레스는 주제넘은 구두장이에게 이렇게 쏘아붙였다고 한다. "구두장이는 구두 깔창에나 신경 쓰시지." 이 말은 네덜란드 인문학자 에라스무스가 풍자집 「아다지오」에 '주제넘게 아는 체하면 몸에 해롭다'는 뜻으로 인용하면서 뭇 예술가들이 즐겨 입에 올리는 격언이 된다.[1)]

화가 아펠레스에 관한 일화는 플리니우스의 기록이 가장 자세하다. 플리니우스는 군인 출신답게 근육질의 무뚝뚝한 문체가 특징이지만, 아펠레스만 나오면 사뭇 물기 넘치는 문장을 술술 뽑아낸다. 플리니우스는 이런 재미나는 이야기를 어디서 얻어들었을까? 알렉산드로스 대왕의 전속 궁정 조각가 리시포스가 크세노크라테스라는 제자를 두었는데, 글재주가 비상해서 예술가들의 이야기를 책으로 펴낸 적이 있었다. 이 책을 또 다른 조각가 안티고노스가 읽고 내용을 조금 더 붙여서 예술가의 전기를 다시 펴낸다. 두 책 모두 지금은 전해지지 않는다. 플리니우스는 아마 기원후 1세기까지 남아있던 안티고노스의 책을 읽고 정리했을 것이다. 그의 『박물지』가 지금껏 살아남은 것은 미술사의 행운이다.

## 프로토게네스의 스펀지

한편, 제욱시스와 겨루어 이긴 프로토게네스도 후대의 미술사에 중요한 공헌을 한다. 엄격하게 말해서 미술이론의 역사에서 중요한 몫을 차지하는데, 그건 순전히 프로토게네스가 지우개로 쓰던 스펀지 덕분이었다. 고대 그리스 화가들은 스펀지를 지우개로 썼다. 지금도 그리스에는 자연산 스펀지가 무척 흔하고 싸다. 한편, 물감을 섞는 용구로는 조개껍질을 많이 사용했다. 프로토게네스의 작업실에도 스펀지가 여러 개 굴러다녔을 것이다. 어느 날 그림소재로 개를 한 마리 그리고 있을 때였다. 남다른 솜씨를 가지고 있던 터라, 헐떡거리면서 가쁜 숨을 몰아쉬는 개가 금방이라도 달려들 듯한 생생한 그림이 완성되었다. 그런데 한 군데 아쉬운 곳이 있었다. 아무리 애를 써도 개 주둥이의 입 거품만은 제대로 그려지지 않았다. 제풀에 화가 치민 프로토게네스는 마침 손에 잡히는 대로 스펀지를 냅다 던졌다. 그런데 스펀지가 그림의 '미운 부분'으로 날아가더니 개의 주둥아리에 철썩 달라붙었다가 털썩 떨어지는 게 아닌가! 프로토게네스는 그만 눈이 휘둥그레지고 말았다. 스펀지가 붙었다 떨어지면서 남긴 흔적이 거짓말처럼 헐떡이는 개의 입 거품을 만들어낸 것이었다. 플리니우스는 예술이 우연의 도움을 받아서 자연을 생산했다고 기록했다.

그런데 그의 이웃집에 다른 화가가 살았단다. 이름은 네알케스. 마침 프로토게네스의 스펀지 이야기를 전해 듣고는 혹시나 싶어 따라 해보았다. 마침 말을 한 마리 그리던 참이었는데, 숨이 차서 헐떡이는 말의 주둥이에다 지우개 스펀지를 살짝 눌렀다 떼 보았더니, 글쎄 스펀지의 흔적이 말의 주둥이에 묻은 거품하고 똑같이 찍혀 나왔다는 것이다.

이 이야기를 플리니우스는 프로토게네스가 원조라고 소개하지만, 고대 문헌의 기록들이 모두 일치하는 것은 아니다. 가령, 똑같이 스펀지를 던져서 요행을 얻은 사건을 두고 디온 크리소스토모스는 아펠레스의 일화로, 플루타르코스는 네알케스의 일화로 소개하는 식이다. 왜 그랬을까? 이것은 화가 공방에서 일어난 우연찮은 사건이 이름난 화가의 일화처럼 각색되었을 수도 있고, 실제로 말이나 개의 주둥아리 거품을 스펀지를 눌러서 재현하는 방식이 고대 화가들 사이에 광범위하게 실행되었을 가능성도 생각할 수 있다.

「비너스의 탄생」으로 유명한 이탈리아 화가 보티첼리도 스펀지를 던졌다고 한다. 이번에는 르네상스 시대였다. 그림을 구상하는 방편으로 작업실에서 지우개로 쓰던 스펀지를 주워다 벽에다 냅다 던진 것이다. 지우개로 쓰던 스펀지였으니까 온갖 색이 묻어서 얼룩덜룩 했을 것이다. 벽은 금세 지저분해지고 만다. 보티첼리는 이때 눈을 가늘게 뜨고 얼룩덜룩한 벽을 쳐다보면 그럴듯한 그림을 구상할 수 있다고 말한다. 르네상스의 스펀지 이론을 만들어낸 것이다. 요약하면 이런 이야기가 된다. 고대 화가들은 스펀지의 생김새를 빌려서 거품하고 똑같은 효과를 만들어냈다. 스펀지를 사생 도구로 사용했던 셈이다. 그러나 보티첼리는 벽에다 스펀지를 아무렇게나 던져서 색의 우연한 흔적들을 만든다. 그리고 제멋대로 생겨난 혼돈으로부터 예술의 구상을 건져낸다. 중요한 것은 프로토게네스의 스펀지가 중세의 언덕을 훌쩍 뛰어넘어서 르네상스의 미술 공방으로 날아들었다는 사실이다.

## 그림 가격

그리스 회화의 거장들이 그린 작품 원작의 가격은 도대체 얼마나 나갔을까? 그리스 미술이 나날이 진보하고 또 수집 가치가 폭넓게 인식되면서 가격도 널뛰기 시작했다. 기원전 5세기와 4세기의 그리스에서는 당대 미술에 대한 관심이 집중되면서 그리스의 조각, 회화, 공예 작품들은 단순한 예술적 가치나 심미적 기준을 넘어 수요와 공급을 결정짓는 시장원리에 따른 투기와 과시의 대상으로 주목받기 시작했다. 대국 페르시아와 전쟁을 벌여서 이겼다는 민족적 자부심, 그리고 쏟아

「정물 모자이크」
1.00x1.00m. 기원후 150년경. 바티칸 박물관.
그리스인들은 손님이 찾아오면 음식 재료를 바구니에 챙겨주고 직접 조리해서 식사를 하게 하는 풍습이 있었다고 한다. 그런데 바로 이 음식 재료가 담긴 바구니를 소재로 삼아서 그린 화가들이 있었는데, 이들이 최초의 정물화가였다는 것이다. 그리스의 원작 그림이나 소재를 로마 시대에 모방한 작품이다.

져 들어오는 공공 동맹기금도 화가들의 작품가격을 천정부지로 올려놓는데 한몫을 하지 않았을까? 미술작품은 작가들이 생존했던 당대에도 눈이 휘둥그레질 정도의 고가로 팔렸지만, 수백 년이 지난 뒤 그리스가 지중해의 패자 로마의 피정복지로 전락하고나서도 이미 폭등한 그리스 미술작품의 가격은 떨어질 줄 몰랐다.

옛 그리스의 화가들과 그들의 작품에 대한 기록으로는 플리니우스의 『박물지』 제 35권이 가장 친절하다. 그리스 회화의 실체는 상당부분이 전설이나 일화의 껍질에 싸여있지만, 그 속켜를 들여다보면 작품 평가와 소유자, 작품 가격, 작품의 소재지에 관한 기록들이 꽤 숨어있다. 대부분은 패널 그림에 관한 기록들인데, 거장들의 작품을 우선적으로 언급했기 때문에 그랬을 것이다. 플리니우스는 화가가 명성을 얻기 위해서는 벽이 아니라 패널에 그림을 그려야 할 것이라고 명백하게 표현하고 있다.[2] 여기서 벽화는 건축물의 안팎을 꾸미는 장식적인 측면이 강하기 때문에 벽화화가는 패널화가보다 작업의 정교함이 덜 요구되었다는 점도 감안해야 한다. 또 패널 그림은 쉽게 운반할 수 있어서 작가의 명성을 운반하는데도 훨씬 신속했을 것이다.

기원전 5세기 단순소묘에서 본격적인 회화가 독립하면서 자연을 본떠 모사하는 환영주의 재현이 선보이자 미술작품을 보는 사회적 관심도 덩달아 고조된다. 이때부터 부유층이나 여윳돈을 굴릴 수 있는 시민들 사이에 이미 공공장소에서 공공미술을 함께 누리는 것으로 만족하지 못하고 예술작품을 사적으로 소유하려는 유행이 눈뜨기 시작했을 것이다.[3] 패널 그림이 그리스 고전기에 이미 시민 가정의 재산 품목에 포함되어 있었다는 사실을 밝혀주는 사례가 하나 남아있다. 5세기 후반 알키비아데스를 필두로 한 아테네의 몇몇 시민이 헤르메(돌장승 헤르메)에 못된 짓을 했다가 처벌받는 사건이 일어난다.[4] 이 일은 주동자들의 재산을 몰수하고 경매에 붙인 것으로 결말이 났다. 이때 경매에 나온 물품 가운데 여러 피나케스, 곧 크고 작은 '채색 패널 그림'들이 포함되어 있었다는 사실이 경매 리스트를 새겨넣은 대리석 파편의 발견과 더불어 확인되었다. 여기서 채색 패널 그림은 아테네의 시민들이 집에다 걸어두고 보았던 작품들로 보인다.

고대 그리스 화가들의 작품 가격에 대해서는 신뢰할 수 있는 정확한 정보가 거의 없다. 작품의 규격이 언급되어 있는 경우도 드물다. 대개의 패널화는 70-80㎝를 넘지 않았을 텐데, 20-30㎝밖에 안 되는 세밀화가 그려졌다는 기록도 남아있다. 그러나 건축물의 벽면에 그리는 벽화나 벽면에 부착하는 대형 패널 그림에서는 인물 크기가 실물대에 육박하는 것도 있었을 것이다. 현재로서는 로마 시대의 그리스 원작의 복제품에 대한 기록을 들추거나, 그리스 원작을 걸어두기 위해 그 당시 전시장소의 벽면을 들어낸 흔적을 보고 작품 크기를 추정할 수밖에 없다.

한편, 로마 제정기에는 예외적으로 거대한 그림도 그려졌다. 미술에 대해 각별한 취향을 소유했던 네로 황제는 일찍이 없던 120피트 높이의 린넨 그림을 완성하라는 명령을 내렸다고 한다. 그러나 마이우스의 집 안뜰에서 그림이 완성되자마자 곧 벼락이 떨어지는 바람에 타버렸다고 한다.[5)]

플리니우스가 열거하는 작품의 가격 정보는 이름난 대가들의 개별 사례들에 국한되어 있고, 이들 거장들의 걸작에 대해서는 전설적인 예술적 가치를 설명하려는 의도에서 실제 가격보다 얼마간 부풀려졌을 것이라는 추측도 할 수 있다. 플리니우스는 너른 지역, 여러 시대의 작품을 장황하게 언급하고 있지만 그 가운데 제욱시스부터 아펠레스까지, 다시 말해 기원전 420~320년 사이의 기간 정도로 한정해서 살핀다면 그림의 원래 가격과 변동폭을 웬만큼 짜 맞출 수 있다. 또 로마 제정기에 수요 급증에 따라 그리스의 원작 가격이 폭등하는 바람에 플리니우스가 말하는 작품의 거래 가격이 탄생시점의 가격보다 크게 뛰었을 것이라는 사실도 함께 고려해야 한다.

화가 제욱시스는 마케도니아의 아르켈라오스 궁정에 그림을 그려주고 400미나를 받았다고 한다.[6] 또 그로부터 한 세대 뒤에 엘라테이아의 므나손은 아리스테이데스에게 페르시아 전쟁을 소재로 100명의 병사를 그려넣고 1,000미나(50억)를 받았는데, 그림 속의 등장인물 한 사람마다 10미나씩에 챙긴 셈이다. 프로토게네스와 같은 시대의 아스클레피오도로스는 참주 므나손에게 올림포스의 12신을 그려주고 신 하나에 30미나씩 챙겼고, 테옴네스테스(Theomnestes)는 영웅 한 사람마다 20미나씩 받았다고 한다.[7] 한편, 그 당시 평균수준의 화가들이 그린 그림의 경매가격은 5-10드라크마였다고 한다. 또 델로스 아폴론 성역의 보물지기가 주문한 작품의 가격은 12-100드라크마 사이였다는 기록도 있다.[8]

4세기 후반에는 작품 가격이 더욱 치솟는다. 기행을 일삼았던 화가 아펠레스의 일화 가운데 이런 사건이 있었다. 아펠레스는 늘 동료 화가 프로토게네스가 재능을 인정받지 못하고 형편이 찌든 것을 안타까워했다고 한다. 아펠레스는 프로토게네스에게 찾아가서 그의 작품 한 점을 50탈렌트(150억)에 구입함으로써 숨은 재능의 가치와 명성 그리고 작품 가격까지 한꺼번에 올려놓았다는 것이다.[9] 아테네의 니키아스는 한 술 더 떠서 이집트의 프톨레마이오스 1세가 「네키오만티에」 한 점에 60탈렌트(180억)를 주겠다고 제의했지만 딱 잘라서 거절하고 자신의 모국에 선물했다고 한다.[10] 알렉산드로스 대왕이 벼락을 쥐고 있는 그림으로 아펠레스는 20황금 탈렌트(600억)를 받았다.[11] 엘라테이아의 므나손은 작품 한 점에 대략 6-17 탈렌트를 지불했다고 한다. 그 정도면 웬만큼 사는 시민들 수준으로 치면 거장의 작품에 욕심을 내는 것은 거의 그림의 떡이었을 것이다.

## 고대 그리스의 물가와 임금

여기서 잠시 고대 그리스의 물가지표를 살펴보자. 1탈렌트는 은 26kg, 곧 60미나이다. 1미나는 100드라크마이다. 따라서 1탈렌트는 6,000드라크마가 된다. 일꾼들 하루 품삯은 1드라크마 정도였다. 오늘날로 치면 5만 원쯤 되었을 것이다. 금화 데카드라크마는 은화 10드라크마에 해당한다. 또 1드라크마는 6오볼로스이다. 오볼로스가 가장 작은 주화 단위였다. 고대 그리스의 화폐 단위를 노동가치나 재화 가치와 비교해서 환산하면 다음과 같다.

기원전 5~4세기

| | |
|---|---|
| 일꾼들의 하루 임금 | 1-1.5드라크마 (6-9오볼로스) |
| 한 사람 하루 식비(빵과 반찬) | 1.25오볼로스 |
| 밀 2리터 | 1오볼로스 |
| 올리브 기름 1리터 | 2오볼로스 |
| 큰 항아리 | 1드라크마 |

| | |
|---|---|
| 장난감 수레 | 1오볼로스 |
| 신발 한 켤레 | 2-8드라크마 |
| 겉옷 한 벌 | 10-20드라크마 |
| 3단 요선 한 척 | 1탈렌트 (6,000드라크마) |
| 3단 요선 한 척의 무장 | 1탈렌트 |
| 훌륭한 경주마 한 필 | 12미나 (6천만원) |
| 명문가 출신의 알키비아데스의 유산 | 100탈렌트 |

기원전 3세기

| | |
|---|---|
| 건축가의 하루 임금 | 2드라크마 (12오볼로스) |
| 석공의 하루 임금 | 2드라크마 |
| 외국인 노동자의 하루 임금 | 4오볼로스 |
| 신전 노예의 하루 임금 | 2오볼로스 |
| 남자 노예 한 사람의 가격 | 3-4미나 (2천만원) |
| 여자 노예 한 사람의 가격 | 30미나 (2억원) |

**궁정의 미술품 수집**

시민뿐 아니라 궁정에서도 미술품을 사적 용도로 수집했다. 아르켈라오스 1세는 알키비아데스와 같은 시기에 마케도니아를 통치했던 군주이다. 독자적인 정치노선을 걸었고 전례 없는 세력확장에 성공했던 아르켈라오스는 그보다 먼저 재위했던 8명의 마케도니아 왕을 모두 합한 것보다 더 강대한 제국을 건설했던 야심찬 군주였다.[12] 그는 예술을 애호하는 문화

군주로서의 면모를 과시하는 여러 일화를 남겼다. 노년의 비극시인 에우리피데스를 펠라의 궁정에 정중히 초대해서 비극 「아르켈라오스」를 집필할 수 있도록 후원하는가 하면, 화가 제욱시스를 초빙해서 궁정 장식 임무를 맡겼다. 일을 마친 제욱시스는 400미나라는 거금을 받고 입이 벌어져서 판을 그린 패널 그림을 한 점 더 그려서 따로 선물을 했다고 한다.[13] 여기서 마케도니아의 궁정이 상당한 패널 그림을 수집해 두고 있었다는 사실을 넘겨 생각할 수 있다.[14]

기원전 4세기에 이르러 회화 기법이 진보하고 뛰어난 재능을 가진 화가들이 잇달아 출현하면서 군주들도 미술품을 통해서 권력을 장식하려는 의식이 싹트기 시작한다. 군주들이 경쟁적으로 거장을 유치하고 미술의 장식적 효용에 대해 주목한 것도 이때부터의 일이다. 가령, 시퀴온의 군주 아리스트라토스가 전차 경주에서 승리하자 화가 멜란티오스를 불러서 자신의 모습을 남기게 하고,[15] 또 다른 화가 니코마코스(Nikomachos)에게 시인 텔레스테스의 무덤을 장식할 그림을 주문한 것이 대표적인 사례이다.[16] 또 엘라테이아의 므나손(Mnason)도 화가들을 여럿 고용해서 작품을 주문했다고 한다.[17] 아펠레스가 알렉산드로스 대왕과 프톨레마이오스 1세의 궁정에서 일감을 맡았던 것도 언급할만하다.

궁정에서는 어떤 미술작품을 수집했을까? 그리고 언제 이런 작품들을 내보였을까? 여기에 대해서는 이집트의 왕 프톨레마이오스 2세가 디오니소스 축일을 맞아서 축제 천막을 치고 미술품을 전시했던 기록이 남아있다. 프톨레마이오스 1세는 알렉산드리아를 예술과 문예의 메트로폴리스로 만들 야심을 갖고 있던 헬레니즘 군주였다. 방대한 규모의 도서관과 더불어 세상 모든 지식을 담아낼 백과전서를 편찬하는 연구소를 설립해서 운영하도록 아낌없이 후원했고, 이후 알렉산드리아가 큰 학자들을 많이 배출한 것은 잘 알려진 사실이다. 그는 왕좌를 승계한 프톨레마이오스 2세 필라델포스에게 상당한 미술 수집품들을 물려주었다고 한다. 아테나이오스(Athenaios)를 보면 프톨레마이오스 2세가 디오니소스 축일의 궁정축제에 즈음하여 연회 침대가 무려 130개나 들어가는 초대형 축제 천막을 쳤는데, 천막 기둥은 디오니소스의 솔방울 지팡이와 종려나무 문양으로 장식했다고 한다. 천막 안에는 황금장식이 붙은 호화가구와 은제 식기들이 즐비하게 눈부시게 들어찼고, 천막 내부를 지나는 통로를 따라서 내로라하는 대가들의 대리석 조각작품이 100점, 그리고 그 사이에 시퀴온의 거장들이 그린 패널 그림들이 갖가지 주제를 다룬 여러 다른 화가들의 작품과 어울려서 전시되어 있었는데, 그림 속에는 왕족과 신화에 등장하는 인물들이 황금자수를 새겨넣은 키톤이나 아름다운 겉옷을 걸치고 있는 모습을 볼 수 있었다고 한다.[18] 시퀴온의 대가들이 그때부터 한 세기쯤 전에 이름을 떨쳤다는 사실을 감안한다면 그들의 작품이 완성된 지 100년이나 지난 시점에도 여전히 수집 대상으로 관심이 식지 않았다는 뜻이 된다. 또 축제 천막의 전시 통로에다 패널 그림을 다른 궁정의 수집품과 함께 전시한 것으로 미루어, 회화작품이 왕족과 귀족들의 주요 수집대상이었을 뿐 아니라, 공식적으로 내세울만한 주요 재화로서 그리고 예술작품으로서 가치를 인정받았다는 뜻으로 읽을 수 있다.

헬레니즘 시대 페르가몬에도 예술가와 학자들이 떼지어 모여들었다. 아탈로스 왕가는 페르가몬 왕국의 영광을 기리기 위해 대대적으로 건축물을 신축하고, 최고의 조각가들에게 조각작품을 주문하고 전시했다. 이 시기의 페르가몬에 조각전시관 이외에 본격적인 회화 전시관이 있었다는 사실은 전해지는 부스러기 기록들을 통해서 확인할 수 있다. 가령 개선장군 뭄미우스(Mummius)가 전리품으로 약탈한 작품을 로마에 가지고 와서 경매를 했는데, 아탈로스 왕이 거금을 지불하고 그림을 구입하려고 했다는 것이다.

외국 화가들의 작품이 로마의 공적으로 인정받기 시작한 것은 승전 이후 아카이쿠스라는 이름으로 불리고 있는 뭄미우스의 덕택이다. 전리품을 경매하는데, 아탈로스가 디오니소스를 그린 아리스테이데스의 그림을 60만 데나리우스를 주고 산 일이 있었다. 뭄미우스는 깜짝 놀라서 작품 속에 제가 모르는 대단한 가치가 있지 않을까 의혹을 품고 경매를 되 물렸고, 아탈로스는 이에 대해 몹시 불평을 토로했다. 뭄미우스는 그 그림을 케레스 신전에다 전시했는데, 이것이 로마에서 공적 장소에 전시된 외국인 화가의 그림으로는 첫

번째 작품이었다. (플리니우스의『박물지』 35, 24)

이 사건의 경위를 살펴보면 아탈로스 왕은 미술품 감식안이 뛰어난 전문가를 로마의 전리품 미술 경매에 대리인으로 파견해서 작품을 수집했다는 사실을 추측할 수 있다. 또 델피에서 나온 명문을 보면 아탈로스 2세는 화가들에게 여행경비를 대주면서 여러 나라에 흩어져 있는 옛 걸작들을 사 모으게 했다는 기록도 보인다. 페르가몬의 예술품 수집 열기는 로마 제정기에 와서도 수그러들 줄 몰랐다. 타키투스에 따르면 네로 황제가 페르가몬에 있던 조각작품과 회화작품을 로마로 가지고 오려고 욕심을 냈지만, 페르가몬 시민들의 거센 반발에 부딪쳐 뜻을 이루지 못했다고 한다.[19] 플리니우스는 아폴로도로스가 그린「기도 올리는 사제」와「벼락 맞은 아이아스」를 아직(기원후 1세기 후반)까지 페르가몬에서 볼 수 있다고 말하고, 파우사니아스는 (2세기 후반에) 다양한 그리스 회화의 걸작들을 제 눈으로 직접 감상했다고 기록하고 있다.[20]

### 로마의 그리스 미술 수집유행과 작품 가격

궁정과 개인의 미술품 수집이 본격화하면서 미술품 품귀가 일어나고, 그리스 미술의 수요가 급증하면서 그리스 본토의 명문 조각 공방의 숙련 기술자들을 고용한 기업형 복제 조각 공방이 성업을 이룬 것은 흥미로운 현상이다. 티베리우스 황제 재위기에는 로마 인근 스페를롱가에 황제 직영 조각공방도 등장했다. 가령 1506년에 에스퀼리노 언덕에서 발굴되어 르네상스 미술의 가치를 크게 흔들어놓았던 라오콘 군상도 티베리우스 황제 공방에 고용된 세 명의 로도스 조각가가 제작한 복제 조각으로 밝혀졌다. 필헬레네 황제였던 하드리아누스나 마르쿠스 아우렐리우스 시대에는 그리스 취미를 좇는 것이 귀족사회의 미덕으로까지 간주되었다. 한편, 개인 수집품을 공익을 위해 기부하는 것도 공인의 주요 미덕에 속했다. 로마의 실력자와 정치인들은 사적인 욕심을 내세우지 않고 애써 수집한 그리스의 걸작들을 공공장소에 희사하는 일이 많았는데, 아그리파는 마르마라 해의 남쪽 도시 키치코스의 상인들로부터 아이아스와 아프로디테를 그린 그림 두 점을 120만 세스테르티우스를 지불하고 구입해서 그 가운데 한 점[21]을 목욕장에 갖다 걸었다는데,[22] 훗날 목욕장 내부 수리를 할 때 그림을 떼어내는 바람에 안타깝게도 후대에 전해지지 않았다고 한다. 또 아우구스투스 황제도 미술품의 공공출연에 통이 커서, 양부 카이사르의 복수를 서원하고 지은 아우구스투스 공회장에서도 가장 사람들이 빈번하게 오가는 장소에다 전쟁과 승리 곧 카스토레스와 빅토리아를 소재로 그린 그림을 내걸어서 시민 누구나 감상할 수 있게 했다는 기록이 남아있다.

헬레니즘 시대에 이어 로마 제정기의 그리스 패널 그림의 가격에 대해서도 플리니우스에게 의존할 수밖에 없다. 주로 로마식 화폐단위를 적용해서 설명하고 있는데, 그 까닭은 플리니우스가 로마의 미술품 상인들 사이에서 호가되는 작품 가격을 직접 듣고 기록에 반영했기 때문일 것이다.

기원후 1세기에는 옛 거장들의 그림 가격이 얼마나 올랐을까? 코스 섬 주민들이 로마에 조공을 대신해서 바친 아펠레스의 아프로디테 그림은 100탈렌트의 가치로 평가되었고, 아리스테이데스가 그린 디오니소스 그림은 뭄미우스가 로마로 가져와서 페르가몬의 아탈로스에게 100탈렌트에 팔았던 것을 보면, 기원후 1세기를 기준으로 보았을 때 그리스 거장들의 패널 그림은 평균 100탈렌트 안팎의 가격대에 거래되었던 것으로 보인다. 티베리우스 황제가 침실에 감추어놓고 아무에게도 보여주지 않았다는 파라시오스의 아르키갈루스 그림은 6백만 세스티르티우스, 곧 250탈렌트나 나갔다.[23] 한편, 카이사르는 비잔티움의 티모마코스(Timomachos)가 그린 그림 두 점을 80탈렌트에 구입했다는 기록도 있는데, 동시대 화가의 작품은 옛 거장들의 작품에 비해서 곱절이상 싼 가격으로 거래되었다는 사실을 엿볼 수 있다.

한편 로마 시대에는 그리스 원작을 베낀 복제 그림도 어렵지 않게 구할 수 있었다. 루쿨루스(L. Lucullus)는 아테네 디오니소스 제전에 봉헌할 그림으로 파우시아스의 「꽃다발을 엮는 여자」를 베껴 그린 작은 크기의 모작을 구입했는데, 작품 가격으로 2탈렌트를 지불했다고 한다.[24] 이처럼 모작이 성행했던 까닭은 그리스 회화를 선호하는 수요계층의 급증하는 요구를 충족시키기 위한 반짝 변통으로 읽을 수 있다.

# 그리스 도기

우리나라에는 그리스 도기가 한 점도 없다. 그러나 이웃 일본에는 번듯한 그리스 도기컬렉션이 제법 있다고 한다. 현재 발굴된 그리스 도기는 모두 8만여 점. 수량도 대단하지만, 도기의 형태와 도기그림의 소재들이 무궁무진해서 도저히 눈을 뗄 수가 없다. 도기 연구에 관한 글도 많이 나와 있다. 하나같이 그리스 도기그림의 모티프와 양식사에 관한 글들이다. 그러나 여기서는 양식과 소재에 관한 접근은 잠시 미루어두고, 도공과 도기 화가들의 작업환경과 작업방식, 도기 시세와 수출입내역, 시장 동향과 도기의 용도 등에 대한 내용을 다루어 보자.

그리스의 미술에 대해서는 많은 이야기가 전해진다. 전설적인 명성을 누렸던 화가들과 그들의 기상천외한 일화들은 후대에 두고두고 입으로 전해졌다. 그러나 안타깝게도 그리스의 회화는 단 한 작품도 온전하게 전해지지 않는다. 아니, 그림 쪼가리조차 남아있는 것이 없다. 우리가 그리스 미술의 영광을 엿볼 수 있는 것은 고대 로마 시대의 폼페이와 인근의 화산재 매몰 도시들의 벽화를 통해서, 그리고 고대 그리스의 도기에 재현된 그림을 통해서이다. 도기에 그림을 그린 화가들은 당시의 유명한 화가들이 그린 걸작들을 살살 베껴서 팔아먹었을 것이다. 도기 그림은 한 마디로 조잡하다. 크게는 손바닥만하고 작게는 우표딱지만한 그림을 통해서 고대의 전설적인 화가들의 솜씨를 가늠한다는 것이 어처구니없는 접근이기는 하지만, 달리 뾰족한 수가 없으니 어쩔 수 없다.

그리스의 도기는 지중해 권역의 고대 미술사와 생활사, 종교사, 전쟁사, 문화사를 두루 밝혀주는 소중한 자료를 제공한다. 도기는 또 워낙 남아있는 수량이 많아서 다른 역사적 사건이나 유물들의 상대적인 연도측정에 결정적인 도움을 제공한다. 장인적 솜씨를 발휘한 공예품으로써, 그리고 삶과 죽음, 일상사와 신화의 방대한 이야깃거리가 고구마 줄기처럼 줄줄이 엮여서 나온다. 이처럼 다양한 소재의 그림을 도기에다 그린 민족은 동서고금을 불문하고 다시없을 것이다. 고대 이집트 도기는 말할 것도 없고 분방한 패턴을 자랑하는 크레타 도기 그리고 극동아시아 지역의 동양 도자기를 보면 불과 여남은 가지의 소재를 맑은 물이 나올 때까지 되풀이해서 우려먹

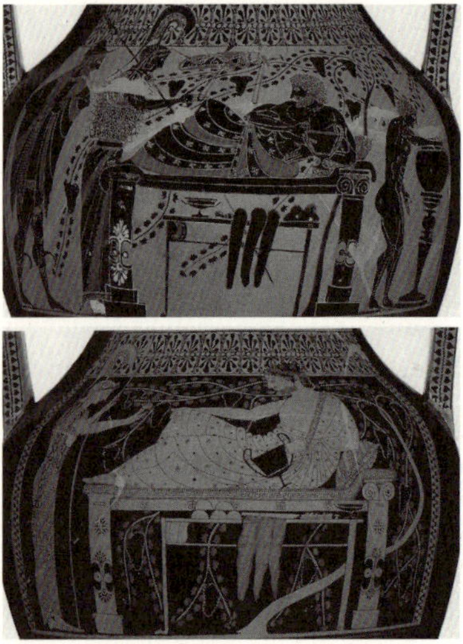

안도키데스의 「헤라클레스와 아테나 여신」.
기원전 530년경. 헨 그리스 도기 수집실. 안도키데스는 암포라의 앞면과 뒷면에 똑같은 주제를 다룬 그림을 그렸다. 그림의 구성과 등장인물의 자세는 거의 일치하지만, 기법은 다르다. 안도키데스는 전통적인 흑색상 기법과 새로운 적색상 기법을 동시에 능숙하게 구사할 줄 알았다.

는데, 그리스 도기는 형태도 그렇지만 그림의 소재가 한도 끝도 없어서 그네들의 무궁무진한 상상력에는 한마디로 기가 질린다.

도기의 재료가 되는 흙은 가장 손쉽게 구할 수 있고 값이 쌌다. 그래서 고대 그리스인들은 생활도기나 고급 채색 도기부터 크고 작은 생활용기를 구어서 썼다. 그릇뿐 아니라 벽돌, 기와, 토관을 구워서 부뚜막부터 집 안팎의 건축 재료로 두루 사용했다.

도기는 제대로 구워놓으면 물도 안 새고 내구성이 좋다. 가끔 실수해서 깨뜨리는 일도 있지만 도기는 열과 습기에 강하고 썩지 않기 때문에 흙속이나 바닷물 속에서 수천 년씩 묵어도 끄떡없다. 미술사에서 다루는 도기는 몸통이 얇고 장식문양을 새기거나 유약을 발라서 그림을 그리고 구운 장식 도기를 말한다. 그리스 도기를 고고학에서는 꽃병(vase)이라고 부르는데, 여기에는 약간 오해가 있다. 1828~1830년에 이탈리아의 옛 에트루리아 도시 불치(Vulci)의 집단 매장 지역에서 무려 3,000여 점의 완전한 채색도기가 출토되었다. 그런데 고고학자들은 채색도기의 정교한 문양과 다채로운 장식에 감탄해서 이건 함부로 쓰는 생활도기가 아니고 틀림없이 눈으로만 감상하는 장식용 꽃병일 거라고 착각하고 이탈리아어로 '바시(vasi)'라는 이름으로 불렀는데, 이것이 널리 통용되면서 굳어지고 말았다. 또 이들 무덤 장식용 도기들을 처음에는 옛 이탈리아 장인들의 솜씨인줄 알았다가, 19세기 후반부터 그리스 본토에서 도기와 가마터 발굴이 본격화하면서 그리스에서 이탈리아의 식민시로 수출된 장의용 명품 껴묻거리였다는 사실이 밝혀졌다. 남부 이탈리아와 에트루리아에서는 귀족들 사이에서 무덤의 지하 묘실을 널찍하게 조성하고 주검이나 뼛가루를 담은 석관이나 토관과 더불어 그리스산 수입 도기를 껴묻거리로 넣는 유행이 있었는데, 그 덕분에 질 좋은 고급 채색도기들이 믿기 어려울 만큼 훌륭한 상태로 보존될 수 있었던 것이다. 또 도기를 구우면 바닥면에다 특정 공방이나 장인이 제작자 표시를 남겨두었는데, 아케익 시대에는 지역마다 방언을 썼고 또 알파벳의 형태가 제각기 달라서 기호나 서명을 들여다보면 그 도기가 어느 곳, 어느 가마에서 나왔는지 계보를 추적하고 확인할 수 있었던 것이다.

채색도기는 생활도기와 구분된다. 채색도기는 주로 수출용이었고 내수는 크지 않았다. 그러나 그리스에서는 아무래도 생활도기가 가장 수요가 많았다. 주로 올리브기름이나 포도주를 담아두고 또 물이나 식초, 꿀, 양젖치즈 따위를 저장하는 용도로도 썼다. 물론 달걀이나 절인 생선도 담았을 것이다. 또 배꼽까지 닿는 기다란 도기에는 곡식과 견과류 따위를 저장해서 그늘진 곳간에다 비스듬히 기대두었고, 필요하면 운송 용기로도 활용했다. 플라스틱 용기나 비닐봉지 같은 것이 없던 때라서 시장에서 기름 한 종지를 사더라도 도기에 담아서 팔았다고 한다.

가령 4년마다 개최되는 아테네의 판아테나이아 제전에서는 말 네 마리가 끄는 전차경주의 승리자에게 올리브기름을 가득 채운 암포라 140개를(대략 500리터) 우승상금으로 지급했는데, 제전 한 차례에 소요되는 암포라가 1,300점이나 되었다니까, 케라메이코스의 가마터 굴뚝에는 연기 잦아들 날이 없었을 것이다. 또 요즘도 바다에서 고대 선박을 건져 올리면 화물 운송용 암포라 도기가 선창 아래 바리바리 실려 있는 것을 볼 수 있으니, 덩치 큰 도기들은 미니 컨테이너 구실까지 했던 셈이다.

한편 장식 도기들은 주로 그리스 지역 이외의 지중해 식민시에서 나오는 것이 대부분이다. 그리스 본토에서는 무덤에서 출토되는 도기들이 변변치 않은 까닭은, 개혁자를 자처하는 솔론이 호화 장묘를 금지하는 법안을 공표했기 때문이다. 그러나 하필 그리스산 도기의 생산과 해외 마케팅이 최고의 전성기를 구가하던 아케익 시대에 솔론이 아르콘으로 활약했다는 사실이 고고학자들에게는 속상하기만 하다. 무덤에 고가품을 부장하지 않는 절약형 매장 관례는 이후에도 오랫동안 지속되어서, 4세기 초 델피에서 발견된 비석 명문을 보면 무덤 1기당 부장품 비용을 35드라크마(현재 물가로 150만 원 정도) 이상 지출하면 안 되고, 어길 시 벌금 50드라크마를 물어야 한다는 처벌규정이 있었다고 한다.

## 도기 제작기법

그리스 도기는 무슨 재료로, 또 어떤 과정을 거쳐서 제작되었을까? 주재료는 백색 고령토를 썼다. 기록을 보면 때로는 수십 미터씩 지표를 파고 들어가야 하는 경우도 있었다. 그런데 지역마다 흙 속에 들어있는 광물의 종류와 함량이 달라서 가마에다 구우면 갈색부터 붉은 색까지 여러 가지 바탕색이 나온다. 가령 코린토스 도기는 부드러운 크림색 톤이 특징이고, 아티카 지역의 도기들에는 철분이 많이 녹아 있어서 짙은 붉은색을 띤다. 또 소아시아의 이오니아 지역에서는 갈색 톤이 주종인데, 가죽처럼 질긴 질감으로 알아볼 수 있다.

구덩이에서 파낸 흙은 숙성시키고 차지게 반죽을 한 다음 물레에 얹어서 돌리면 형태가 나온다. 그리스인들은 물레를 언제부터 사용하기 시작했을까? 기원전 1세기의 그리스 역사학자 디오도루스 시쿨루스는 아테네의 명장 다이달로스의 조카 탈로스가 물레를 처음 발명했다고 기록하고 있다.[25] 그러나 스트라보는 스키타이 출신의 아나카르시스를 물레의 발명자로 언급했고,[26] 플리니우스는 코린토스의 휘페르볼로스의 이름을 거명한다. 고고학에서는 고대 오리엔트에서 이미 기원전 4000년께 바퀴가 발명되었고, 이와 비슷한 시기에 물레가 함께 탄생했다고 본다. 그리고 그리스 본토에 물레가 수입된 것은 기원전 2000년쯤 뒤로 잡고 있다.

### 유약의 비밀

그릇의 형태가 완성되면 그늘에 내다 말리는데, 몸피가 큰 도기는 제작에 상당한 숙련이 필요했다. 우리 된장독만큼 커다란 피토스(pithós)는 한다하는 선수가 아니면 손을 댈 엄두를 못 냈다. 아테나이오스가 철학자들의 연회에서 소개한 "피토스쯤은 만들어야 장인 행세를 하지"라는 속담도 그래서 나왔을 것이다.[27)]

그리스 도기는 가마에 넣어서 딱 한 번만 굽는 것이 특징이다. 재벌구이는 어떤 경우에도 없다. 장식 도기에는 붓으로 그림을 그려넣는데, 방법은 무척 간단하다. 잿물로 만든 유약을 붓으로 칠하면 그만이다. 유약을 바른 부분은 처음에는 투명해서 눈에 잘 안 보이지만 가마에 굽고나면 검은 색으로 변한다.

그리스 도기를 보면 아티카 도기의 경우 바탕이 붉고 유약을 칠한 부분은 검은데, 유약이 검게 변하는 이유는 오랫동안 학계의 수수께끼였다가 최근에 밝혀졌다. 도기를 가마에 넣기 전에 한차례 뜨물처럼 걸러낸 흙물을 바르는데, 이것은 1/2000㎜ 크기의 미세한 흙먼지 알갱이로 이루어져 있어서, 900도의 고열을 가하면 서로 엉기면서 윤기를 낸다. 여기에 함유된 철 성분이 뜨거운 가마에 주입된 공기와 만나면 이산화철($Fe_2O_3$)로 변해서 붉은색을 띠는데, 마지막 과정에서 공기주입구를 꽉 틀어막으면 잔열이 고스란히 남아있는 상태에서 산소를 빼앗긴 이산화철이 다시 과산화철($Fe_3O_4$)로 바뀌면서 검은색을 띠게 된다는 것이다. 이때 가마를 열면 안에 있는 도기가 모두 검게 보인다. 그러나 서서히 바깥바람을 쐬어주면서 식히면 도기에서 철 성분이 풍부하게 포함되어 있는 유약 처리 부분은 그대로 검정색을 유지하지만, 유약을 바르지 않은 표면의 바탕 부분은 산화과정을 통해 이산화철로 바뀌면서 붉은색을 띠게 된다는 것이다.

또 도기화가가 사용하는 붓 대롱은 손가락 길이만큼 짧았다. 대롱에는 가는 붓털을 촘촘히 박아서 붓질이 부드럽게 휘어지는 것이 특징이다. 또 붓칠을 하기 전에 도기 표면을 말쑥하게 다듬어서 준비작업을 마무리해야 한다. 가령 기하학 양식 도기에서 크게 옆구리를 둘러치는 수평 장식선은 붓을 반듯하게 갖다대고 물레를 돌리면서 그은 것이다. 도기표면을 매끄럽게 마무리하지 않으면 선이 미끈하게 나올 수 없다. 흑색상 도기에서는 흔히 도기 그림에서 재현된 사물의 윤곽선을 파낸 자국을 발견할 수 있는데, 쇠로 만든 송곳이나 상아를 뾰족하게 갈아서 만든 도구를 사용해서 긁어 판 흔적이다. 붓 대롱 꼭지를 쓰기도 한다.

가마에 넣고 나면 800~950도 정도에서 8~9시간 동안 불을 땐다. 우리나라 청자나 백자의 경우, 가마에 밀폐시켜놓고 1,200도 이상 며칠씩 날밤을 새가면서 유약이 투명하게 녹아내릴 때까지 끝장을 보는 것과 비교하면 사뭇 다르다. 가마를 가동하는 시기는 춥고 습한 11월부터 3월까지의 겨울철을 제외한 봄과 가을에 집중되었고 무역풍이 부는 여름철에는 수출용 고가 도기들의 반짝 특수를 기대할 수 있었다. 가마 규모와 일꾼의 머릿수로 미루어 보면, 도기의 크기와 형태 그리고 기술적 난이도에 따라 조금씩 달랐겠지만 가마 1기의 연간 도기 생산량이 평균 1,400점 가량 되었을 것으로 보인다.

### 도기화가들

도공과 도기화가들의 작업환경은 어땠을까? 또 도기의 가격은 얼마나 나갔을까? 작업실이 들어설 장소는 무엇보다 수원이 풍부하고 또 구워낸 도기를 수레로 실어 나를 수 있도록 도로와 인접한 곳을 골라야 했다. 그러나 공해유발 산업으로 찍혀서 도시중심지로부터 얼마쯤 떨어진 언저리에 자리를 잡는 것이 보통이었다. 아테네의 경우 기원전 5세기부터 제정기까지 무려 14기의 가마터가 밀집해 있는 케라메이코스는 강이라기보다 개울에 가깝기는 하지만 에리다노스 하천을 끼고 있고 또 도심의 아고라로 통하는 쌍둥이 성문 디필론과 붙어 있어서 유동인구가 많은 이상적인 지역이었다. 게다가 이곳은 아테네 시민들의 공동묘지 터로 오랫동안 사용되었기 때문에

땅값도 거저나 다름없어서 도공과 도기 화가들이 둥지를 틀고 살 입지조건으로는 그야말로 딱이었다.

도공의 작업실 풍경을 그린 도기 그림을 보면, 가마터 한 군데에서 도기장인 한 명이 도우미 일꾼 5-8명과 함께 일했다. 우선 일이 고된 것은 둘째치고 작업 환경이 열악해서 작업실에는 흙과 먼지 그리고 잿가루가 풀풀 날렸다. 소규모 공방에서는 가족끼리 일감을 나누었을 테고, 기업형 공방은 수십 명의 정규직 조수들 말고도 주문이 한참 밀릴 때는 노예와 일용잡부들을 데려다 썼을 것이다.

도공과 도기화가는 도기에다가 아무개가 '제작했다(epoiesen)', 또는 아무개가 '그림을 그렸다(egrapsen)'라는 서명을 남기곤 했는데, 둘 다 혼자서 다 하는 에크세키아스 같은 예외도 있지만 대개는 도기 제작과 그림이 분업으로 이루어졌다. 생산품의 품질 인증 역할을 하는 공방 표식은 존 비어즐리가 25,000여 점의 도기연구를 통해 확인하였다. 한편, 그림 장식이 없는 생활도기의 수요가 절대적이었기 때문에 도공은 도기화가 없이 혼자 작업하는 일이 많았다. 적색상 도기에 그림을 그린 도기화가의 경우 대략 150년의 기간 동안 서명을 남긴 경우만 1,000명이 넘는다. 여럿이서 같은 서명을 하는 경우도 흔했다. 가령 펜테실레아 화가는 서명은 하나인데 20-30명의 서로 다른 화가가 같은 서명을 사용했다는 사실이 확인되었다. 또 기원전 480년 이후에는 도기에 화가의 서명을 남기지 않게 되었다는 점을 감안하면 실제 활동했던 도기화가의 수는

적어도 곱절이 넘을 것이다. 서명이 없는 도기는 화가가 등장 인물의 얼굴 표정 또는 코나 귀처럼 특정부위를 그릴 때 나타나는 습관, 인물들의 움직임과 자세 또는 옷 주름 처리, 구성 기법 등을 관찰해서 작가 개개인의 붓 맛을 구분하는 이른바 양식사적 방식으로 접근할 수밖에 없다.

가마를 가동하려면 엄청난 분량의 땔감이 든다. 그래서 일 년에 서너 차례 때면 그만이었다. 그래서 자신의 가마를 소유한 도공 하나에 여러 명의 도기화가들이 붙어서 작업하는 경우가 일반적이었다. 가령, 서명을 즐겼던 도공 니코스테네스는 6세기 말에 흑색상 화가와 적색상 화가를 가리지 않고 무려 스무 명의 도기화가와 손을 맞추었다.

완성된 도기는 가마터에서 직판하거나 가마 주인이 시장이나 축제장터에 이동노점 형식으로 직접 들고 가서 팔았다. 도기 가격은 형태와 크기 그리고 장식 유무에 따라서 천차만별인데, 덩치가 큰 암포라나 물독으로 쓰는 히드리아는 장식 도기가 기원전 5세기에 1드라크마 정도, 그리고 술잔이나 식초그릇 또는 접시류는 1오볼론(1/6드라크마) 정도면 살 수 있었다. 딱히 기술이 없는 일용직 삯꾼의 하루치 임금이 1드라크마였으니, 누구라도 하루 동안 몸을 팔면 접시 6개는 살 수 있었던 셈이다.

**케라메이코스**

도기는 세라믹 또는 케라믹이라고 부른다. 케라믹은 원래 케라메이코스에서 나온 명칭이다. 파우사니아스의 『여행기』를 보면 케라메이코스라는 도시 이름도 도공 케라모스가 이곳에 처음 자리를 잡은 데서 붙었다고 한다. 이곳에 모인 도공들이 구워 파는 도기는 그야말로 생활필수품이었다. 도기는 수납, 저장, 운반에 안성맞춤이었다. 시장에서 올리브기름을 한 통 사더라도 단지째 사고팔아야 했기 때문이다. 에리다노스 개천을 낀 습지라서 주거지로는 부적합했지만, 물과 땔감이 풍부해서 언제부턴가 생활용기와 부장용 그릇을 굽는 도공과 도기화가들이 공방을 차리기 시작했다.

케라메이코스가 처음 발굴된 것은 1873년이었다. 수레에 모래를 한 짐 싣고가던 인부가 우연찮게 돌부리에 걸리는 바람에 바퀴를 내려다보니 닳아빠진 대리석 귀퉁이가 튀어나와 있었다는데, 이 일을 전해들은 그리스 고고학자 루소풀로스가 당장 삽을 들고 파 들어가기 시작했다. 민주정체의 요람이라는 아테네 아고라에서 철학자 플라톤이 아카데미 모임을 가지곤 했다는 헤로스 아카데모스의 숲으로 이어지는 성스러운 길 중간쯤이었다. 그런데 파면 팔수록 대리석들이 끝도 없이 꼬리를 물고 나왔다. 인근의 흙더미를 8m깊이까지 걷어내자 수천 년 동안 잠들어있던 거대한 도시가 기지개를 켜며 깨어났다. 고대 문헌에 기록으로만 남아있던 케라메이코스, 곧 죽음의 도시였다.

무덤 터에는 죽은 자의 생전 모습을 돋을새김한 묘비조각과 제물의 피를 흘려보내던 좁은 수로, 제사를 지내던 흔적 따위가 삼밭처럼 얽혀있었고, 묘지 한 기마다 생전에 썼음직한 생활도기 따위가 십수 점씩 부장되어 있었다. 고추장독 크기의 옹관 속에 어린아이 유골이 사지가 접혀서 들어있는 경우도 여럿 나왔다.

기원전 2000년께부터 무덤 터로 사용되었던 케라메이코스 지역의 발굴은 학계의 비상한 관심을 끌면서 곧 발굴고고학의 한 갈래로 정리된다. 유골의 골반 뼈와 부장품을 살펴보면 성별, 나이, 가문, 사회적 지위뿐 아니라 그 당시의 장례와 매장 관습까지 읽어낼 수 있었다. 가령 아티카 지역에서는 거울, 소꿉, 물 긷는 항아리나 신부 화장용 물 항아리가 나오면 여자무덤이고, 술잔, 운동선수가 쓰는 때밀이 스트리길리스가 들어있으면 남자 무덤이 틀림없다. 무엇보다 흙 속에 묻혀있던 부장 도기의 보존 상태가 거짓말처럼 말짱한 것도 행운이었다.

케라메이코스는 아테네 시 외곽을 두른 성벽 바깥쪽 동네였다. 지천에 무덤이 흩어져 있고, 화장하느라 시커먼 장작더미가 널려 있어서 사뭇 을씨년스러웠겠지만, 그렇다고 얌전한 동네는 아니었다. 로마시대의 풍자시인 루키아노스가 쓴 「창녀들의 수다」에 보면 이곳 케라메이코스에서는 골목마다 분가루 짙게 바른 창녀들이 둥지를 틀고 어리숙한 오빠들 팔목을 잡아끄는가 하면, 담 그늘마다 돈놀이 아줌마와 포도주 장수들이 자리를 차지하고 뜨내기손님들을 호객하느라 북적댔다고 한다.

케라메이코스에서는 무덤 터 사이사이 가마터만 15기나 확인되었다. 이 정도 규모라면 이곳의 생산물량만 가지고도 아티카 전역의 도기 수급에다 멀리 남부 이탈리아와 아드리아해 도서지역의 식민시까지 수출하고도 너끈하다. 말하자면 효자산업이었던 셈이다. 실제로 이탈리아에서는 바다 건너 그리스에서 수입한 호화 장식도기들을 귀족들의 무덤에 부장하는 관습이 생겨나기도 했다. 케라메이코스 발굴은 수레바퀴에 걸린 돌부리 하나 덕분에 두 가지 역사를 새로 쓰는 계기가 되었다. 그리스 도기의 역사 그리고 매장과 풍속의 역사가 그것이다.

# 그리스 조각

그리스의 조각하면 우선 「밀로의 비너스」가 떠오른다. 모나리자와 더불어 세상에서 가장 유명한 작품이다. 한 걸음 나아가 「사모트라케의 니케」까지 기억하면 꽤 관심이 있는 축이다. 「라오콘」과 「벨베데레의 아폴론」을 알고 있다면 거의 전문가 수준으로 보아도 무방하다.

그리스의 조각을 두고 미술사나 미학에서는 조화롭고 숭엄한 아름다움이나 영원히 빛바래지 않는 고전의 품격을 설명하기 좋아한다. 토르소의 함축적인 아름다움을 발견하려는 시도도 있다. 그러나 이런 것들은 대부분 고전의 부활에 목매달았던 르네상스와 18세기 고전주의의 눈으로 읽은 그리스 미술이다. 까까머리 학창시절 미술 시간에 비너스의 눈동자를 그려넣었다가 미술선생님에게 칠판지우개로 두들겨 맞은 추억은 누구나 가지고 있을 것이다. 눈동자를 그리는 순간 갑자기 고전의 신기루가 사라지고 천박하게 보이는 이유는 무엇일까? 그러나 고대 그리스의 조각가들은 모든 인체 조각 작품에 반드시 눈을 그려넣었다고 한다. 작품 재료에 따라 눈동자를 그리지 않고 아예 유리구슬로 박아넣는 일도 있었다. 눈동자가 없는 비너스는 우리나라의 미술선생님들만 가지고 있던 어처구니없는 편견이었던 것이다.

그리스 조각의 가장 큰 특징은 무엇일까? 아무래도 숨쉬는 조형, 살아 꿈틀대는 조형의 생명력을 꼽아야 할 것 같다. 그리스 미술보다 앞서 성숙한 조형을 생산했던 이집트 조각과 비교하면 그 차이가 두드러진다. 그렇다면 그리스 조각은 언제부터 이집트식 조형에서 벗어나기 시작했을까? 그리스의 인체비례에 관한 연구는 누가 언제 시작했을까?

### 이집트식 인체비례

폴뤼클레토스가 쓴 『카논』은 그리스 인체비례 이론의 대명사로 일컬어진다. 그는 자신의 이론을 토대 삼아 조각을 한 점 제작했는데, 조각도 마찬가지로 「카논」이라고 불렀고, 다른 조각가와 화가들은 작품을 만들면서 그의 작품을 본받을만한 본보기로 썼다고 한다. '카논'은 본보기, 모범, 전범이라는 뜻으로 널리 쓰이지만, 원래는 '자'를 의미하는 말이다. 폴뤼클

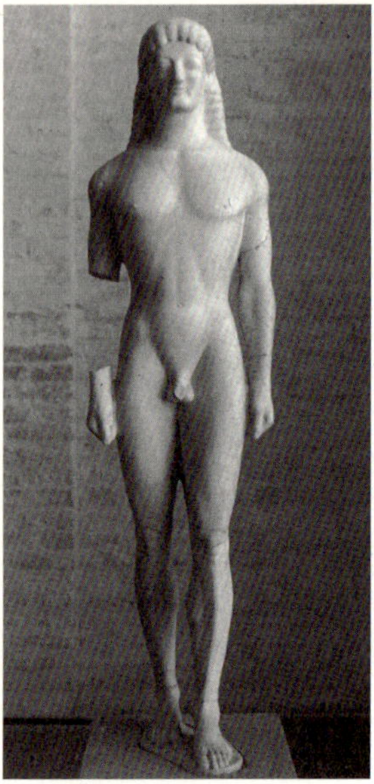
「테네아의 쿠로스」 기원전.

레토스 역시 다른 조각가와 마찬가지로 조각을 만들 때 늘 카논을 원형으로 삼았다고 한다. 그리스 카논 이전에 이집트 카논이 있었다.

기원전 6세기의 그리스 조각가 가운데 사모스 섬 출신의 테오도로스는 조각과 건축 그리고 공예에도 두루 능한 재주꾼이었다고 한다. 테오도로스는 로이코스와 함께 기원전 560년경 사모스의 헤라 신전에 작업을 남겼는데, 로이코스는 문헌에 따라 그의 아버지(헤로도토스의 기록)나 동료(디오도로스, 디오게네스 라에르티오스의 기록)로 등장한다. 어쨌든 기원전 아케익 시대의 대표적인 조각가 가운데 하나로 꼽으면 무리가 없다. 테오도로스는 또 미로를 짓는가 하면, 청동주조에 처음으로 성공한 조각가로 이름이 올라 있다.

앞서 말한 대로 사모스인인 필레아스의 아들 로이코스와 텔레클레스의 아들 테오도르스는 청동을 정교하게 주조하는 기법을 처음 발명하였다. (파우사니아스의 『그리스

여행기』 10. 38. 6)

테오도로스가 사모스인들로부터 주문을 받고 「피티아의 아폴론」을 제작할 때였다. 「피티아의 아폴론」이라면 큰 뱀 피톤을 활로 쏘아 죽이는 아폴론의 신상을 말한다. 이때 사모스에 있던 동생 텔레클레스가 신전에다 세울 신상의 반 토막을 담당하고, 에페소스에 가 있던 테오도로스가 나머지 반 토막을 제작했다. 그런데 따로 만든 신상의 두 짝을 나중에 서로 맞추어 보았더니 거짓말처럼 맞아떨어지더라는 것이다.

> 두 토막을 서로 맞추어 보았더니 아귀가 어찌나 정확하게 맞아떨어지는지 마치 조각가 한 사람이 혼자서 만들어낸 것처럼 보였다. 이런 식의 작업방식은 이집트 조각가들한테야 대수로울 것도 없지만, 그리스인들 사이에서는 전대미문의 것이었다. (디오도로스 I. 98. 5-9)

서로 멀리 떨어져 있는 조각가 두 사람이 하나의 신상을 반씩 나누어서 따로 작업했을 때 제각기 완성된 두 토막이 서로 아귀가 맞으려면 어떤 조건이 충족되어야 할까?

한 사람이 혼자서 일감을 맡지 않은 것에 대해서는 여러 가지 이유를 추측할 수 있지만, 무엇보다 작업 속도를 서두르기 위해서였을 것이다. 그런데 조각을 어떤 식으로 반분했다가 다시 붙였을까? 세로로 좌우나 전후를 나누지는 않았을 것이다. 괴물 뱀 피톤을 활로 겨냥하거나 쏘는 아폴론이라면 틀림없이 팔을 내뻗어서 활을 당기거나, 팔을 치켜 올려서 화살을 집어드는 자세가 되어야 할 텐데, 이런 형태라면 윗몸과 아랫몸으로 나누는 것이 가장 알기 쉽다. 그리고 완성된 두 짝의 아귀가 정확히 맞붙으려면 자세도 그렇지만, 인체의 비례가 일치해야 한다. 텔레클레스와 테오도로스는 틀림없이 남성 입상 아폴론의 전체 신장과 머리의 비례 그리고 그 밖의 다른 부분지체들의 비례관계를 정해두고 작업했을 것이다. 팔 길이와 다리 길이, 가슴의 너비와 목의 길이를 정하기 위해서 기본적인 단위치수(modulus)를 얼마로 하자는 약속을 나누었을 것이다. 가령 손바닥 한 뼘을 기본 단위치수로 잡는다면, 전체 신장을 기본 단위치수의 18배로 할지, 21배로 할지도 상의했을 것이다.

따로 완성된 두 토막을 붙였을 때 마치 한 사람의 조각가가 만든 것처럼 정확하게 일치했다는 사실은 두 조각가 형제들이 동일한 설계도를 머리에 그리고 작업했다는 뜻이 된다. 여기에는 예술적 창의나 상상력이 끼어들 여지가 거의 없다. 아폴론의 한쪽 다리는 다른 다리와 길이, 크기, 형태, 근 매스에 이르기까지 똑같았을 것이고, 눈에 보이는 사지의 모든 부분이 모눈종이에 그린 설계도를 베낀 것처럼 조금도 어긋나지 않았을 것이다. 이처럼 정해진 수학적 계량방식에 따라 인체의 치수와 비례관계를 정해두고 금형을 찍어내듯 판박이의 조형을 생산하는 방식은 원래 이집트 미술의 특징이다.

인체를 모눈 단위로 나누어 윤곽을 새길 때 한 모눈 단위의 크기만 서로 약속해두면 아무리 여러 사람이 작업을 나누어 진행하더라도 어긋날 우려가 없다. 신체의 모든 지체가 전체에 대한 비율로 설명되기 때문이다. 이것은 발바닥에서 이마선까지를 동일한 눈금 18구획으로 나누는 이집트 제 1카논이나, 기원전 700년 이후 발바닥에서 눈썹선까지를 21구획으로 나누는 이집트 제 2카논 모두 마찬가지다.

### 그리스의 인체비례

그러나 그리스의 카논은 움직임과 생명을 표현한다. 크세노폰의 『소크라테스 회상』 III, 10에서 언급하는 '생명력 있는 조형'이 그리스 조각가들의 관심을 드러낸다. 소크라테스는 조각가 클레이톤과 대화하는 그가 "달리기 선수, 레슬링 선수, 권투 선수, 오종 경기 선수를 제각기 다르게 빚어내면서…… 어떻게 입상 조각에 살아숨쉬는 듯한 생명력을 부여하는지" 묻는다. 이에 대해 클레이톤은 "자세를 취하는 데 따라서 몸이 솟거나 가라앉고, 웅크리거나 내뻗고, 긴장하거나 이완하는 모습을 올바르게 재현할 줄 알아야 한다"고 대답한다. 운동선수들의 다양한 자세에서 야기되는 인체의 변형이 조각을 살아있는 것처럼 보이게 한다는 것이다. 이집트의 인체가 각 부분지체들의 정확한 산술적 결합에 의해 조립된다면, 그리스의 인체는 기능에 따라 달라지는 인체의 유기적 변형에 의해 불규

폴뤼클레토스 「큰 창을 든 남자」가 등장하는 부조. 아테네 국립고고학박물관.

칙하게 뒤틀리고 만다. 그렇다면 인체의 전체와 부분을 모눈 단위로 나누어 일률적으로 구획하는 이집트 카논을 대신할 '살아숨쉬는' 조형 지침이 요구된다. 뼈와 피, 힘살과 피부로 이루어진 인체를 기하학 도마에 올려두고 수학의 칼로 토막낸다는 점에서는 이집트와 그리스의 카논이 다를 바 없다. 그러나 폴뤼클레토스의 카논은 '살아있는 인체'를 규정하는 카논이라는 점에서 비례론의 역사에서 새로운 발걸음을 내딛었다.

**폴뤼클레토스가 쓴 책**

플리니우스는 "피디아스가 처음으로 길을 열었던 조각 예술이 폴뤼클레토스에 의해 완전한 경지에 오르게 되었다"고 말한다. 이 두 조각가는 같은 고전기의 명장이면서 여러모로 비교된다. 우선 피디아스는 끌과 망치를 들었다 뿐, 재료와 규모와 장르를 가리는 법이 없었다. 파르테논의 아테나 신상과 올림피아의 제우스 신상은 청동, 대리석, 황금, 상아의 혼합재료로 만든 거대 신상이었고, 아테네 아크로폴리스의 노천 조각 아테나 프로마코스 역시 위압적인 규모의 거상이었다. 피디아스가 파르테논 박공 조각이나 부조 따위 건축을 장식하는 조각에까지 두루 손을 댔던 데 비해, 폴뤼클레토스는 오직 한 가지 주제에만 매달렸다. 한두 차례 예외를 빼놓고는 반드시 '젊은 남성의 알몸을 콘트라포스토의 자세로 실물대에 가깝게 청동으로만' 빚었던 것이다. 에페소스에서 있었던 조각 경연에서 아마존의 청동 여전사를 '여성'으로 재현한 것과, 아르고스의 헤라 신상을 '황금과 상아'로 깎은 것이 유일하게 한눈을 팔았던 사례다. 그러니 그야말로 평생 한 우물을 팠다는 점에서 피디아스와 다른 길을 걸었던 셈이다. 물론 피디아스가 재원과 주문이 넘치는 대도시 아테네의 공직을 맡아 활동하면서 최고 권력자 페리클레스의 두터운 비호 아래 공공 임무에 투입되는 일이 많았고, 이에 비해 폴뤼클레토스는 아르고스 첩첩산중 촌구석에서 청동 가마에 군불을 때면서 조용히 살았다는 차이는 있지만, 그래도 예사롭지 않은 일이다.

폴뤼클레토스는 알몸의 젊은 남성 인체를 줄곧 빚어냈을 뿐 아니라 살아있는 인체비례의 비밀을 담은 『카논』을 저술하기도 했다. 책은 언제 썼을까?

키케로는 뤼시포스가 폴뤼클레토스의 「큰 창을 든 남자」를 모범으로 삼고 나름대로 연구하여 새로운 조형을 창조했다고 말한다. 퀸틸리아누스도 조각 작품 「큰 창을 든 남자」에 대해서 언급한다. 한편 플리니우스와 갈레노스는 『카논』이라는 책도 있었고, 같은 이름을 불렀던 조각 작품도 있었다고 말하고,

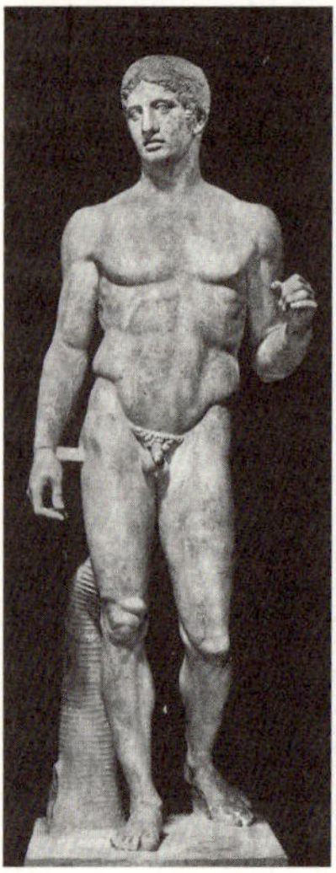

좌–폴뤼클레토스, 「큰 창을 든 남자」 199.2cm, 기원전 450년경의 청동 원작을 로마시대에 대리석으로 모각. 나폴리 국립고고학박물관.
우–폴뤼클레토스, 「큰 창을 든 남자」의 뒷모습.

루키아노스와 갈레노스는 『카논』이라는 책만 이야기한다. 여기서 책이 언제 쓰였는지 밝히기에 앞서 두 가지 짚어둘 일이 있다.

첫째, '카논'이 1. 조각으로만 제작되었거나 2. 책으로만 쓰였거나, 3. 책과 조각으로 함께 만들어졌을 경우를 나누어 생각해야 한다는 점.

둘째, 조각작품 「카논」이 지금 우리에게 알려진 「큰 창을 든 남자」와 동일 작품인지 여부.

「큰 창을 든 남자」는 양식사적으로 비교했을 때 기원전 450년께 제작된 것으로 보인다. 만약 「큰 창을 든 남자」가 조각으로 새겨진 카논을 가리킨다면, 그리고 저작 『카논』이 조각과 비슷한 시기에 나왔다면, 책의 탄생 시점은 기원전 450년께로 잡아도 무방하다.

조각 작품 「카논」이 「큰 창을 든 남자」가 아니라 우리에게 전혀 알려지지 않은 작품이라면, 또는 저작 『카논』이 조각 작품의 탄생 시점과 시간을 두고 쓰였다면, 책이 언제 나왔는지는 알아내기 어렵다. 어쩌면 기원전 420~410년께, 폴뤼클레토스가 한가로운 노년에 자신의 비례 이론을 정리해서 썼을 수도 있다.

책으로 쓰인 『카논』이 언제까지 읽혀졌는지도 수수께끼다. 기원전 1세기 비트루비우스는 폴뤼클레토스의 핵심적인 비례 이론인 'quadratus'의 개념을 다르게 해석하고 있는데다, 인체의 비례관계를 전체 신장을 기준 단위로 보고 각 지체를 분수로 표시하는 '이집트식' 비례 이론을 따르고 있는 것으로 미루어, 『카논』을 읽지 못했던 것 같다. 플루타르코스도 마찬가지다. 심지어 『카논』의 내용을 제일 자세하게 소개하는 갈레노스조차 폴뤼클레토스를 직접 인용하지 못하고 '크뤼시포스의 말에 따르면'이라고 간접 화법으로 서술하고 있으니, 역시 폴뤼클레토스의 저작을 손에 쥐어보지 못했던 것 같다. 물론 앞선 시기에 비잔틴의 필론이나 기원전 3세기의 크뤼시포스는 『카논』을 읽었을 수 있다. 그러나 이 시기에 나온 다른 문헌 기록을 들추어 보면, 기껏 폴뤼클레토스의 이름만 따로 떼어서 거명하거나 조각작품 「카논」에 대해서 언급할 뿐, 『카논』의 내용에 대해서는 전혀 입을 다물고 있어서 책의 탄생과

소멸 시점에 대한 추측은 더욱 어렵다.

그렇다면 폴뤼클레토스가 썼다는 『카논』은 어떤 내용을 담고 있었을까?

고고학에서는 『카논』의 원문이 단 한 줄도 전해지지 않기 때문에 「큰 창을 든 남자」를 비롯해서 폴뤼클레토스의 다른 작품들을 통해 책의 내용을 추정하려는 노력을 여러 차례 시도했다. 「큰 창을 든 남자」에서 출발해서 응용된 콘트라포스토 자세를 취하고 있는 「디아두메노스」 「헤르메스」 「아마존의 여전사」 등을 낱낱이 실측했지만 뾰족한 결과는 얻지 못했다. 잣대를 발끝에 두느냐 뒤꿈치에 놓느냐에 따라 키가 들쑥날쑥한데다, 체적을 가진 인체조각의 특성상 어깨점이나 가슴 중심, 무릎 윗선 따위 부분 지체들의 기준점을 정하면서 정확한 좌표를 찾기 어려우니 어쩌면 당연한 결과인지도 모른다.

그러나 『카논』이 책의 형식으로 집필되었다면, 일정한 내용과 분량을 담고 있었을 것이고, '카논'이라는 제목에서 미루어 알 수 있듯이 조각가들이 본보기로 삼을만한 비례 이론을 다루었을 것은 틀림이 없다. 폴뤼클레토스가 책을 집필하면서 다른 조각가들에게 일반적인 조형 지침에 관한 가르침을 겨냥했을 가능성도 있다. 자신의 개인적인 관심사인 '성인 남성의 인체비례'뿐 아니라, 노인과 어린아이, 말이나 사자, 독수리와 뱀, 켄타우로스와 사티로스 등 조각가들이 자주 다루는 소재까지 집필 범위를 넓혔을 수도 있다. 인체비례 편에서는 콘트라포스토 자세에서 몸과 사지의 상하 전후좌우 관계를 짤 때, 생동감 있는 조형이 요구하는 인체의 균형잡힌 조화와 변형된 균제의 문제에 많은 부분을 할애했을 것이다.

『카논』에서는 인체의 전체와 부분지체, 부분과 다른 모든 부분지체 사이의 비례관계에 기반한 새로운 카논을 정립하는 수학적 과제가 가장 핵심적인 부분이었겠지만, 이와 더불어 조각가가 익혀두어야 할 다양한 제작 기법에 관한 기술적인 서술도 책의 목차에 포함되었을 수 있다. 비례와 수치를 재는 기본 측정 단위로는 그 당시에 조각가나 건축가들 사이에 통용되던 손바닥, 발바닥, 얼굴, 팔꿈치까지의 길이가 소개되었을 것이다. 이들은 고대의 장인들이 사용했던 간단한 측정도구들에서도 확인된다.

예컨대 눈금자에는 손가락이나 손바닥, 발바닥이나 아래팔의 길이 단위로 분할한 눈금을 새겼고, 막대자는 제작할 인체 조각의 전체 신장만큼 기다란 곧은 막대를 여러 자루 준비해서 여기에 제각기 이등분, 사등분, 육등분, 팔등분한 길이를 일일이 새겨둔다. 막대자는 제작해야 할 조각상의 성격이나 크기에 따라서 그때그때 새로 만들어 쓴다. 그밖에 곡자와 집게 자 같은 측정도구도 있었다.

조각가가 대리석에 끌을 대거나 청동 주조를 위한 점토 조각을 빚기에 앞서 미리 모눈을 치거나 비례관계를 써둔 초안 그림을 종이에다 스케치했을까? 이집트 카논처럼 보편적으로 통용되는 절대 측정방식에서는 작품의 성격이나 크기에 상관

없이 죄다 도면 한 장 가지고 두고두고 쓸 수 있지만, 그리스 카논은 인체의 내적 기능과 자세에 따라 매번 새로운 도안이 필요하기 때문에 조각을 하나 만들 때마다 번번이 새로 그려야 했을 것이다. 그러나 그 당시 종이 값이 두 뼘 크기 정도가 숙련된 조각가의 하루치 일당에 상당할 만큼 비쌌다는 사실을 감안하면, 준비 스케치 없이 측정도구만 가지고 바로 작업에 착수했을 가능성이 크다.

그의 저작 『카논』에서도 그렇게 설명했겠지만, 폴뤼클레토스는 조각작품 「카논」을 제작할 때도 네 가지 도구를 사용했을 것이다. 특히 손가락과 손바닥, 발바닥과 팔꿈치까지의 길이를 눈금 단위로 새긴 자를 이용해서 인체의 전체와 부분, 부분과 다른 모든 부분지체들 사이의 비례관계를 정의했을 것이다. 인체의 상하 전후좌우가 섬세하게 변형되면서 균형을 잡아가는 콘트라포스토의 자세를 잡기 위해서는 전체를 일정한 모눈 단위로 쪼개어 크기를 결정하는 이집트식 카논의 '절대 측정방식'보다, 하나의 눈금자와 다른 눈금자를 맞대어 비례를 결정하는 '상대 측정방식'이 훨씬 요긴했다. 특히 운동선수들처럼 자세가 다양하고 움직임이 격렬해질수록 폴뤼클레토스의 유기적 카논이 뒷심을 낸다.

### 카논의 비밀

『카논』에서 인체의 올바른 비례관계는 어떻게 정의되었을까? 카논을 조형적으로 해석하면 한쪽으로 치우치지 않는 '중간 상태', '복판', '평균치'로 해석할 수 있다. 살아있는 인체의 생명력 있는 표현이 정지와 움직임의 상태 사이에서 경중과 부침 그리고 긴장과 이완 사이의 평형관계를 이루는 자세에서 나온다는 확신이 전제되었다. 제중을 실은 '버틴 다리'와 '젖힌 다리'에서 출발한 콘트라포스토의 원리는 무릎과 골반을 거쳐 가슴과 어깨 그리고 머리의 방향과 양쪽 팔다리의 움직임에 이르기까지 일관되게 파급된다. 머리카락의 굽이치는 타래와 갈라진 올 하나까지도 동일한 조형 논리가 지배하는 것을 보면 혀를 내두르지 않을 도리가 없다.

상반된 것들의 조화, 다른 것들의 어울림을 두고 일찍이 헤라클리토스가 우주의 생성과 운행 원리로 정의한 뒤, 피타고라스를 추종했던 의사 알크마이온은 이를 건강의 본질로 규정했고, 아리스토텔레스에 이르러 마침내 덕목의 본질로 자리매김된다. 지나치지도 모자라지도 않은 상태, 과도한 욕심과 지

좌 — 폴뤼클레토스, 「큰 창을 든 남자」 정면 두상. 나폴리 국립고고학박물관.
우 — 폴뤼클레토스, 「큰 창을 든 남자」 측면 두상.

나친 인색 어느 한쪽으로도 기울지 않는 중간의 평정 상태(meson)를 유지하는 것을 덕목(arete)의 지향점으로 보았다. 아리스토텔레스는 극단적인 행동을 삼가고 올바른 균형감각을 잃지 않는 반듯한 인격을 일컬어 '네모나다(tetragonos)'고 표현했고, 이 말에 대응하는 라틴어가 다름 아닌 'quadratus'라는 사실, 그리고 이 개념이 폴뤼클레토스의 조각작품 「카논」의 본질을 설명한다는 것은 결코 단순한 우연이 아니다. 여기에 인체 조각의 상하 전후좌우의 생명력 있는 비례의 열쇠가 있다.

> 폴뤼클레토스는 피디아스가 처음으로 길을 열어놓았던 조각술에 대한 가르침을 책으로 남겼을 뿐더러 조각 예술을 완전한 경지에 올려놓았다고 한다. 인체 조각에서 한쪽 다리에다 체중을 싣는 자세는 다름 아닌 그의 독창성에서 나왔다. 그러나 바로는 그의 작품을 두고 '네모나게' 빚어졌으며, 대부분 한 가지 원형으로부터 나왔다고 말했다. (『박물지』 34권 53-54)

여기서 '네모나게' 빚어졌다는 바로(Varro)의 말뜻은 이탈리아 고고학자 실비오 페리가 풀어냈다. 우선 '네모나게'라는 뜻의 quadrata와 조응하는 그리스어 tetragonos를 찾고, 다시 동의어 tetracholos를 유추해냈는데, 이는 '서로 균형관계를 유지하며 인체의 조화로운 구축에 바탕이 되는 네 부분'을 뜻한다. 비트루비우스가 'quadratus'를 두고 두 팔을 벌리고 서 있는 인체를 포함하는 정사각형으로 보았다면, 플리니우스는 인체에 구축되는 콘트라포스토의 균형관계를 설명한다는 점에서 「큰 창을 든 남자」의 이념과 맞아떨어진다.

## 슈토이벤의 발견

1973년 독일 고고학자 슈토이벤은 폴뤼클레토스의 조각 작품 「큰 창을 든 남자」를 실측해서 고대 비례론에 감추어진 비밀의 일단을 밝혀낸다. 미리 세워둔 가설의 상당부분은 포기해야 했지만 나름의 성과도 없지 않았다. 슈토이벤 이후 「카논」의 비밀을 들추려는 시도들이 뒤를 이었지만, 그의 발견에서 한 발짝도 더 나아가지 못했다.

슈토이벤은 우선 비잔틴의 필론이 남긴 기록에 주목했다. 그는 "폴뤼클레토스에 따르면 (인체조각은) 많은 수의 관계에서 완성되며, 여기서 가장 작은 수의 단위가 제일 중요하다"는 대목에서 출발해서 「큰 창을 든 남자」를 실측했다. 인체조각을 측정하는 데는 고대 조각가들이 사용했던 실측 도구를 복원해서 사용했다. 문제는 인체의 부분 지체와 모든 다른 부분지체 사이에 비례관계가 성립해야 한다는 것. 슈토이벤은 손가락과 손바닥, 발바닥과 팔꿈치까지의 길이를 새긴 눈금자를 가지고 인체의 '가장 작은' 부분 지체를 측정하여 '가장 작은 수치'의 비례 관계를 나타낼 수 있는 공통분모를 구했다.

고대 비례론의 비밀의 빗장은 「큰 창을 든 남자」의 얼굴에서 벗겨졌다. 코와 귀와 입과 눈을 다시 세부 구획으로 분절해서 실측하니, 코의 경우 코 길이와 코 높이와 콧망울의 높이 비례가 4:2:1로 확인되었다. 그 다음 실측 수치를 다른 부분지체의 길이를 기본단위로 한 여러 눈금자들과 차례로 맞추어 보았다. 팔꿈치까지의 길이를 기준 단위로 삼았을 때, 코높이:코길이: 콧망울 높이가 1/8:1/16:1/32, 귀의 생김새를 분절해서 측정할 때에도 팔꿈치까지의 길이를 기준으로 삼을 수 있었다. 입과 눈의 경우는 손가락 굵기를 기준으로 삼을 때 분수로 떨어지는 값을 얻을 수 있었다. 여기서 하나의 부분지체를 기준으로 놓았을 때 '가장 작은 수치 단위'는 손가락 굵기의 1/32로 볼 수 있다.

현재 가장 완전한 복제조각으로 알려진 나폴리 국립 박물관의 「큰 창을 든 남자」는 손가락 굵기가 2.2922㎝다. 이를

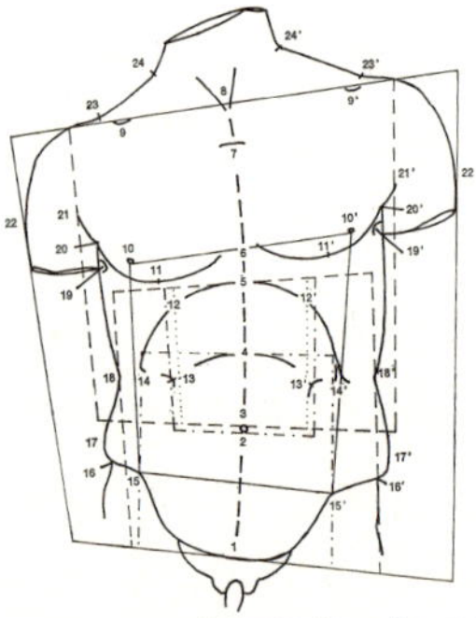

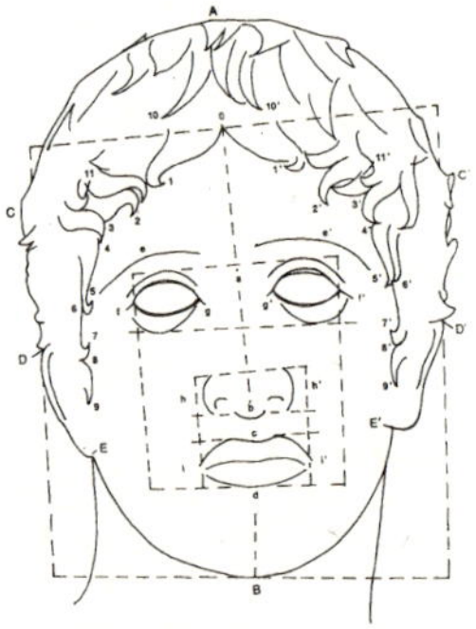

좌-폴뤼클레토스 「큰 창을 든 남자」 몸체. 슈토이벤의 도해.
우-폴뤼클레토스 「큰 창을 든 남자」 두상. 슈토이벤의 도해.

32등분하면 0.07163125㎝가 나온다. 필론의 기록을 신뢰할 수 있다면 조각가는 키가 199.2㎝나 되는 인체 조각을 만들면서 0.7㎜ 남짓한 수치를 기본 단위(modulus)로 사용한 셈이다. 물론 인체의 모든 부분을 이처럼 미세한 눈금자로 측정해서 제작할 필요는 없다. 손가락과 손바닥은 손가락 굵기를 기본 단위로 삼아야 하지만, 얼굴은 손가락이나 손바닥 그리고 팔꿈치까지의 길이를 세분해서 측정 단위로 쓸 수 있다. 몸통과 팔 다리는 팔꿈치까지의 길이를 나누어 새긴 막대자 하나로 충분하다.

예컨대 어깨에서 허리까지를 잰 몸통의 높이(23-16과 23'-16')는 제각기 47.5㎝와 55.5㎝. 몸통 높이는 팔꿈치까지의 길이와 일치하므로 「큰 창을 든 남자」에서 비례 평균치는 51.2㎝다. 몸통의 중심선을 기준으로 삼을 때 몸통 좌우의 길이는 각각 4.3㎝가 길거나 4.2㎜가 짧은 셈이다. 2m에 육박하는 인체가 자연스런 콘트라포스토 자세를 취했을 때 상체의 변형 오차가 0.1㎜남짓에 불과하다면 그야말로 완벽에 가까운 균제비례(symmetria)가 실현되었다고 볼 수 있다. 폴뤼클레토스의 청동조각을 대리석으로 베껴낸 모각 조각가의 솜씨도 만만치 않았던 모양이다. 그것도 인체의 뼈대와 힘살 위에 피부를 씌운 상태에서!

한 가지 더. 그리스 고전기 인체 조형의 교과서로 일컫는 「큰 창을 든 남자」는 일반적으로 알려진 것처럼 팔등신이 아니었다. 또 비트루비우스가 『건축 10서』의 제 3권에서 설명하는 고대 인체비례론의 수치와도 일치하지 않았다. 나폴리 국립고고학 박물관이 소장한 「큰 창을 든 남자」를 측정한 단위치수는 이렇다.

| | |
|---|---|
| 손가락 | 2.2922㎝ |
| 손등 (손바닥) | 9.96㎝ |
| 발바닥 | 33.2㎝ |
| 아래팔 | 51.2㎝ |
| 키 | 199.2㎝ |

여기서 손가락의 네 곱은 9.1688㎝이다. 손등(손바닥)의 길이와 어긋난다. 손등(손바닥) 길이의 스물네 곱은 239.04㎝. 이것도 전체 키 199.2㎝과 맞지 않는다. 또 아래팔 길이의 네 곱이 204.8㎝이니 이것도 키보다 더 길다. 한편, 발바닥 길이의 여섯 곱은 199.2㎝. 정확히 키 높이와 일치했다. 얼굴 길이, 곧 턱끝에서 이마선까지의 길이를 측정하니 키의 1/10이 떨어졌다. 그러나 머리 길이, 곧 턱끝에서 정수리까지의 길이는 키의 1/8보다 더 길었다. 정수리에서 목우물까지의 길이는 발바닥 길이와 같았고, 역시 키의 1/6에 해당했다.

건축가 비트루비우스는 그리스 인체비례의 지식을 빌려 와서 남성 인체비례의 경우 발바닥과 키의 길이 비례가 1:6이라고 설명한다. 머리가 아니라 발바닥을 기준으로 한 육등신 인체를 표준으로 본 것이다. 그리고 「큰 창을 든 남자」는 고대 그리스의 인체비례가 머리의 길이를 기준으로 삼지 않았음을 여실히 보여준다.

## 고전 문헌에 인용된 『카논』

폴뤼클레토스의 이름이 수록된 고대 기록은 100건이 넘는다. 그가 쓴 책과 원작 조각은 사라졌지만, 플라톤과 아리스토텔레스를 위시해서 고대의 철학자, 역사가, 의사들이 '건강한 인체'를 정의하면서 그의 책과 조각 작품을 입에 올렸다. 이들 문건에서는 대부분 그리스 고전기의 뛰어난 명장들을 열거하면서 피디아스, 미론, 뤼시포스와 함께 폴뤼클레토스를 거명하거나 당대의 이름난 화가나 시인들에게 뒤지지 않는 조각의 거장으로 그의 이름을 꼽았다. 정작 '카논'이라고 불렸던 그의 저작이나 작품과 관련해 내용을 소개되거나 인용한 경우는 몇 건 되지 않는데, 여기서는 고대 문헌의 주요 대목들을 우리말로 옮기고 '읽기'를 달았다.

비잔틴의 필론(기원전 3세기의 엔지니어. 무기 개발 기술을 소개하면서 폴뤼클레토스를 언급한다)

이런 경우에 폴뤼클레토스의 말이 꼭 들어맞는다. 그에 따르면, (인체 조각은) 많은 수의 관계에 의해서 비로소 완성된다고 한다. 이때 가장 작은 수의 단위가 제일 중요하다. 가령 병기를 제작할 때도 많은 수의 관계들이 맞아떨어져야 한다. 아무리 사소한 부분 하나라도 어긋나면 결국 문제가 걷잡을 수 없이 커지고 만다. (Bel. IV. 1, 49.2-51.10)

(읽기) 필론은 폴뤼클레토스의 비례가 '많은 수의 관계'에서 나왔다고 처음으로 증언한다. 여기서 '수'는 '수치'나 '척도 단위'로 바꾸어 읽을 수 있다. '가장 작은 수'는 전체 인체비례에서 기준이 될 수 있는 최소의 모듈을 의미하는 것으로 보인다. 이집트 카논에서 전체를 하나의 기준 단위로 설정했다면 그리스 카논은 거꾸로 접근하는 셈이다. 한편, 수의 크기보다 수의 관계가 중요하다는 사실은 폴뤼클레토스의 「큰 창을 든 남자」에서도 확인할 수 있다. 카논, 곧 '평균치'라는 뜻의 별명을 가진 이 조각품은 의외로 실물대 크기를 넘어서 2m에 육박한다. 조각작품의 외형적 크기와 상관없이 수의 관계, 곧 전체와 부분, 부분과 다른 모든 부분지체 사이의 비례 관계에서 카논의 원칙을 확인할 수 있다.

키케로, 마르쿠스 툴리우스(기원전 1세기 로마의 변론가, 수사학자, 기원전 106~43년)

자연도 그런 것처럼 조각에서도 오직 한 가지 참다운 조각이 있을 뿐이다. 미론, 폴뤼클레토스, 뤼시포스를 대표적

인 조각가로 꼽을만하다. (de or. III, 26)

자네는 최고의 능변이라고 생각하는 모양이나 내 생각은 다르네. 크라수스나 안토니우스를 위대한 변론가라고 부르기에는 무리가 있지 않나 싶어. 물론 그들에게 찬사를 보내는 심정은 이해가 가네. 그러나 이렇게 생각하면 어떻겠나. 뤼시포스가 폴뤼클레토스의 「큰 창을 든 남자」를 모범으로 삼고 나름대로 열심히 공부를 했던 것처럼, 자네도 「세빌리아의 법」을 스승으로 삼는 게 나을 듯싶네. (Brut. 296)

(읽기) 뤼시포스가 폴뤼클레토스의 조각 「큰 창을 든 남자」를 본보기로 삼아서 새로운 카논을 연구했다는 키케로의 주장에서 두 가지 사실을 추정할 수 있다. 고대 그리스의 인체비례 이론을 정리한 『카논』을 다시 조각으로 새긴 작품이 다름 아닌 「큰 창을 든 남자」일 개연성이 크다는 것. 그리고 뤼시포스가 폴뤼클레토스와는 다른 새로운 「카논」을 연구했으리라는 것. 뤼시포스가 만들었다는 「때 미는 사내」는 얼굴 길이를 재보니 신장 대비 1/10이 채 못되었다.

비트루비우스(아우구스투스 시대의 건축가. 기원전 25년께 『건축 10서』를 저술)

자연은 인체를 이렇게 지었다. 얼굴 길이, 곧 턱끝에서 머리카락이 자라기 시작하는 이마선까지의 길이는 그 사람 신장의 1/10에 해당한다. 이 길이는 손목에서 가운데 손가락 끝까지의 길이와 같다. 머리 길이, 곧 턱끝에서 정수리까지 길이는 신장의 1/8이다. 가슴 윗선, 곧 목 아랫부분에서 이마선까지는 신장의 1/6이다. 가슴의 중심 젖꼭지에서 정수리까지는 신장의 1/4이다. 턱끝에서 콧구멍까지는 얼굴 길이의 1/3이다. 콧구멍에서 눈썹선 중앙까지가 얼굴의 1/3, 코뿌리에서 이마선까지도 똑같이 얼굴의 1/3이다. 발바닥은 신장의 1/6이다. 팔꿈치에서 손가락 끝까지는 신장의 1/4, 가슴 너비도 신장의 1/4이다. 그밖에 다른 지체들도 모두 적절한 비례의 크기를 갖는다.

이와 같이 자연이 정한 인체의 중심은 배꼽이다. 사람이 등을 대고 누워서 팔과 다리를 뻗은 다음 컴퍼스의 뾰족한 끝을 배꼽에 맞추고 원을 돌리면 두 팔의 손가락 끝과 두 다리의 발가락 끝에 원이 닿는다. 컴퍼스로 원이 닿게 그릴 수 있는 것처럼 정사각형으로도 같은 결과를 낼 수 있다. 사람의 신장을 발바닥에서 정수리까지 측정한 길이가 두 팔을 가로 벌린 너비에 대보면 정사각형의 가로와 세로가 일치하는 것과 마찬가지로 꼭 맞아떨어진다. (『건축 10서』 제 3권)

(읽기) 비트루비우스는 『건축 10서』의 제 7권 서문에서 폴뤼클레토스를 다른 조각가들과 함께 들먹인다. 그러나 실제로는 『카논』을 읽지 않았던 것 같다. 예컨대 가슴 윗선에서 이마선까지가 신장의 1/6이라는 관찰은 「큰 창을 든 남자」를 실

측해보니 들어맞지 않았다. 더군다나 폴뤼클레토스의 '네모난 인체(homo quadratus)'를 콘트라포스토 자세로 보지 않고, 사람이 서서 두 팔을 벌렸을 때 키와 팔의 너비가 일치하는 정사각형의 도형으로 읽은 것도 고전기 인체비례론의 속뜻에 어긋난다.

플리니우스(로마 나폴리 함대 사령관. 기원후 1세기에 『박물지』 전 37권을 썼다. 23/24년~79년)

폴뤼클레토스는 시퀴온에서 났고, 하겔라데스로부터 조각을 배웠다. 그가 제작한 승리의 머리띠를 묶는 「디아두메노스」는 유연한 몸매를 가진 청년을 조각한 것으로, 100탈렌트나 되는 가격 때문에 사람들의 입에 오르내렸다. 또 큰 창을 든 남자 「도뤼포로스」도 조각했다. 이 작품은 건장한 체구를 가진 소년을 재현했다. 폴뤼클레토스는 또 다른 작품을 제작했는데, 이를 두고 다른 예술가들이 '카논'이라고 부르며 마치 어떤 법칙인 듯이 이 작품으로부터 예술의 기초를 이끌어내었다. 자신이 만든 작품 하나를 가지고 예술 자체를 완성했다는 평판을 들은 것은 인간으로서 그가 처음이었다. 「모래 때를 긁어내는 사람」 「창을 들고 공격자세를 취하는 벌거숭이 사내」 「주사위 놀이에 열중하는 두 소년」도 그의 솜씨다. 마지막 작품은 그리스어로 '아스트라갈리존테스'라는 이름으로 불렸고, 지금은 티투스 황제의 궁성

> 안뜰에 전시되어 있다. 이 작품을 두고 많은 사람들은 더 완벽한 작품이 있을 수 없다는 평가를 내리고 있다. 뤼시마케이아에서 볼 수 있었던 「헤르메스」, 현재 로마에 있는 「헤라클레스」 「무기를 집어드는 지휘관」, '가마에 실려 다니는 자'라는 뜻으로 '페리포레토스'라고 불렸던 「아르테몬」도 그의 손으로 만들어졌다. 세간의 평판에 따르면 폴뤼클레토스는 피디아스가 처음으로 길을 열어놓았던 조각술에 대한 가르침을 책으로 남겼을뿐더러 조각 예술을 완전한 경지에 올려놓았다고 한다. 인체 조각에서 한쪽 다리에다 체중을 싣는 자세는 다름 아닌 그의 독창성에서 나왔다. 그러나 바로는 그의 작품을 두고 '네모나게' 빚어졌으며, 대부분 한 가지 원형으로부터 나왔다고 말했다. (『박물지』 제 34권, 53-54)

(읽기) 플리니우스는 폴뤼클레토스가 시퀴온 태생이라고 주장하지만, 플라톤 이후 모든 전거들은 하나같이 아르고스가 그의 고향이라고 증언한다. 가족과 함께 시퀴온으로 이주해서 시민권을 얻은 것은 그 다음의 일로 보인다. 하겔라데스가 폴뤼클레토스의 스승이었다는 증언도 신빙성이 떨어진다. 아르고스의 대가와 폴뤼클레토스를 하나의 유파로 묶어두려는 전기작가들의 속셈을 엿볼 수 있다. 폴뤼클레토스가 '또 다른 작품을 제작했는데……'라는 대목에서 fecit et quem canona의 'et'를 '그리고' 또는 '나아가서'로 읽지 않고 앞글을 가리켜 설명하는 '곧' 또는 '다시 말해'로 바꾸어 읽는다면 「카논」이

「큰 창을 든 남자」와 동일한 작품을 칭한 것으로 볼 수 있다. 「큰 창을 든 남자」가 과연 「카논」으로 불린 작품과 일치하는지에 대해서는 논란의 여지가 있다. 플리니우스는 또 다른 대목에서 「큰 창을 든 남자」가 아킬레우스라고 주장한다. 그 말이 맞다면 폴뤼클레토스는 그리스의 젊은 영웅을 통해서 덕목의 가치 '아레테'를 조각으로 표현하려고 했던 모양이다. 그러나 알렉산드로스 대왕이 아킬레우스로 분한 모습으로 자신의 초상 조각을 새기게 하면서 100여 년 전 폴뤼클레토스의 「큰 창을 든 남자」를 유형적 모범으로 삼았던 것을 보고 거의 400년 가까이 지난 뒤에 플리니우스가 깜빡 전후관계를 혼동해서 그렇게 해석했을 수도 있다.

플루타르코스, 카이로네이아(45~120년, 영웅들의 치적과 업적을 비교하여 서술한 비교 전기작가, 철학자)

> 어떤 작품이든지 아름다움은 많은 척도와 올바른 비례를 갖는데, 이는 비례 균제(symmetria)와 조화(harmonia)에서 나온다. 아름답지 않은 것은 우연적인 요소가 제 자리를 찾지 못하고 느닷없이 붙거나 떨어질 때 생긴다. (mor. 45 c–d)

루키아노스(시리아 북부의 사모사타, 120?~180년 이후. 157년부터는 아테네에서 주로 활동했다)

> 인체의 문제라면 단연 폴뤼클레토스의 「카논」을 참고하

는 게 좋다. 인체는 그 생김새가 너무 커도 곤란하고 지나치게 작아서도 볼품없다. 올바른 크기가 제일 낫다. 너무 뚱뚱하면 미덥지가 않고 너무 깡마르면 마치 죽음을 앞둔 사람처럼 뼈가 드러나 보이니 이것도 안 될 말이다. (de salt. 75)

갈레노스(페르가몬. 129~199년. 직업 의사였으나 다방면에 폭넓은 관심을 가졌다. 169년부터 마르쿠스 아우렐리우스 황제의 시의. 책을 여러 권 썼고, 폴뤼클레토스의 카논에 대해서도 8차례나 언급했다)

크뤼시포스는 앞에서 분명하게 밝히기를 인체의 건강은 인체의 구성요소들, 곧 차고 더운 것, 마르고 젖은 것 사이의 균형에서 나온다고 했다. 그러나 인체의 아름다움은 인체의 구성요소 사이의 균형이 아니라 부분지체들 사이의 균제 비례에서 나온다고 믿는다. 한 손가락과 다른 모든 손가락들, 모든 손가락과 손바닥, 그리고 손가락 끝에서 손목까지의 길이, 또 손목까지의 길이와 아래팔, 아래팔과 위팔, 그리고 폴뤼클레토스의 카논에 씌어있는 모든 부분지체들 사이의 관계에서 아름다움이 나온다는 것이다. 폴뤼클레토스는 인체의 모든 균제 비례를 그의 책에서 다루었다. 그뿐 아니라 그의 논문에서 주장한 규칙들의 가르침을 뒷받침하기 위해 입상조각을 한 점 제작했는데, 이를 두고 똑같이 '카논'이라고 불렀다. 그러므로 모든 의사들과 철학자들이 말하는 바와 같이 인체의 아름다움은 부분 지체들 사이의 균제 비례에서 나온다

고 하겠다. (de plac. 5)

(읽기) 부분지체와 다른 모든 부분지체 사이의 균제 비례에서 아름다움이 나온다고 보는 사상은 이집트 비례론과 다르다. 그리스의 카논이 이집트 카논으로부터 자유를 얻어서 저곳의 본질이 아니라 이곳의 생명을 탐구하기 시작한다. 갈레노스의 기록은 간접 증언이기는 하지만 폴뤼클레토스의 저작에 관한 가장 체계적이고 설득력있는 내용을 담고 있다.

폴뤼클레토스가 제창한 카논은 본질적으로 인체비례 이론이다. 그러나 인체에 컴퍼스와 눈금자를 대고 수치화, 계량화하려는 의도는 아니었다. 이집트의 카논이 기계적 인체를 붕어빵처럼 찍어내는 모눈종이 카논이라면, 그리스 조각가 폴뤼클레토스의 카논은 살아숨쉬는 카논이라고 할 수 있다. 예술에 자연의 호흡을 불어넣으려는 시도는 얼토당토않은 것이었지만, 실현될 수 없는 목표를 설정했기 때문에 그 후 조각의 역사는 완성을 위한 진보의 발걸음을 뗄 수 있었다.

멈추어서 고여있던 미술에 생기를 불어넣은 것은 그리스의 화가들도 마찬가지였다. 제욱시스의 포도송이 속으로 새들이 날아들었다는 이야기는 예술과 자연의 경계짓기가 이미 유효하지 않다는 반증이다. 자연주의의 신화는 중세의 강둑을 넘어 르네상스의 기름진 평원으로 범람한다. 화가 제욱시스는 포도 한 송이로 모든 예술이 꿈꾸는 이상향을 이루었다. 그러고 보면 사과 한 알로 미술의 영토정복을 획책했던 세잔도 결국 고대의 언덕에 유순하게 몸을 비빌 수밖에 없었던 한 마리의 황소였던 셈이다. 그리스 미술이 진보의 첫 발을 뗀지 2,500년이 흘렀다. 그리고 미술은 여전히 걸음마 연습 중이다.

## 주

1) 원문은 다음과 같다.
아펠레스는 이런 습관도 있었다. 완성된 그림을 지나가는 행인들이 볼 수 있도록 대문가에 세워두고 자신은 이목을 피해 그림 뒤에 몸을 숨기고 있다가, 사람들이 그림을 두고 어떤 결함을 지적하는지 귀 기울이곤 했다. 대중들이 자신보다 더 꼼꼼한 비평가라고 생각했기 때문이었다. 한번은 구두장이가 그의 그림에서 잘못된 부분을 하나 발견했다고 한다. 아펠레스가 그린 가죽신발에서 안쪽에 달린 고리쇠가 하나 모자랐던 것이다. 이튿날이었다. 잘못 그려졌던 부분을 자신의 지적대로 화가가 고쳐놓은 것을 보고 기고만장한 구두장이가 이번에는 사람 다리도 틀리게 그려졌노라고 아는 척을 했다. 이 말을 듣고 분통을 누르지 못한 아펠레스가 그림 뒤에 있다가 불쑥 얼굴을 내밀면서, 구두장이라면 신발 이야기 이외에는 입을 다무는 편이 분수에 맞을 것이라고 쏘아붙였다. 그가 뱉은 이 말은 이내 격언이 되어서 남았다.
2) 플리니우스, 『박물지』 35권, 118.
3) 파우사니아스의 『그리스 여행기』 아테네 편 참조.
4) 투키디데스, VI 27, 61.
5) 플리니우스, 같은 책, 51.
6) 아일리아누스, Var. hist. XIV, 17.
7) 플리니우스, 같은 책, 106.
8) 아테나이오스 XII, 543 E.
9) 플리니우스, 같은 책, 88.
10) 플리니우스, 같은 책, 132.
11) 플리니우스, 같은 책, 92.
12) 투키디데스, II 100, 2.
13) 플리니우스, 같은 책, 62.
14) 아일리아누스(Aelianus)도 펠라 궁정에서의 제욱시스의 활약상에 대해 설명하고 있지만, 제욱시스가 맡은 궁정 장식 프로그램이 벽화 작업이었는지, 또는 대형 패널 그림을 그려서 걸었는지 문헌 기록만 가지고는 분명하게 알 수 없다. (Var.

Hist. XIV 17).
15) 플루타르코스, Arat, 13.
16) 플리니우스, 같은 책, 109.
17) 플리니우스, 같은 책, 99 / 107.
18) 아테나이오스, Athenaios V 196 E.
19) Annales, 16, 23.
20) 『그리스 여행기』, Periegesis IX 35, 7 / I 4, 5 / X 25, 10.
21) 플리니우스, 같은 책, 26.
22) 플리니우스, 같은 책, 26.
23) 플리니우스, 같은 책, 70.
24) 플리니우스, 같은 책, 123.
25) bibliotheke IV, 76.
26) Geogr. VII, 303.
27) Deipnosophistai XI 480c.

# 그리스 미술 이야기


| | |
|---|---|
| 펴낸날 | 초판 1쇄 2004년 7월 30일<br>초판 4쇄 2016년 10월 19일 |
| 지은이 | 노성두 |
| 펴낸이 | 심만수 |
| 펴낸곳 | (주)살림출판사 |
| 출판등록 | 1989년 11월 1일 제9-210호 |
| 주소 | 경기도 파주시 광인사길 30 |
| 전화 | 031-955-1350 팩스 031-624-1356 |
| 홈페이지 | http://www.sallimbooks.com |
| 이메일 | book@sallimbooks.com |
| ISBN | 978-89-522-0270-3 04080<br>978-89-522-0096-9 04080 (세트) |

※ 값은 뒤표지에 있습니다.
※ 잘못 만들어진 책은 구입하신 서점에서 바꾸어 드립니다.

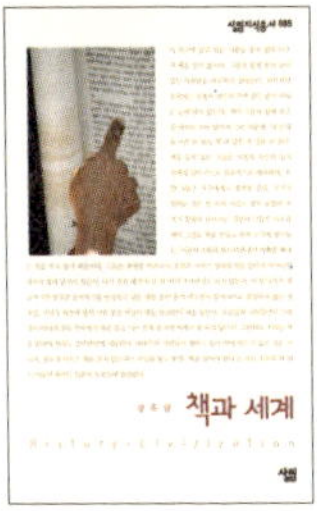


## 085 책과 세계

강유원(철학자)

책이라는 텍스트는 본래 세계라는 맥락에서 생겨났다. 인류가 남긴 고전의 중요성은 바로 우리가 가 볼 수 없는 세계를 글자라는 매개를 통해서 우리에게 생생하게 전해 주는 것이다. 이 책은 역사라는 시간과 지상이라고 하는 공간 속에 나타났던 텍스트를 통해 고전에 담겨진 사회와 사상을 드러내려 한다.

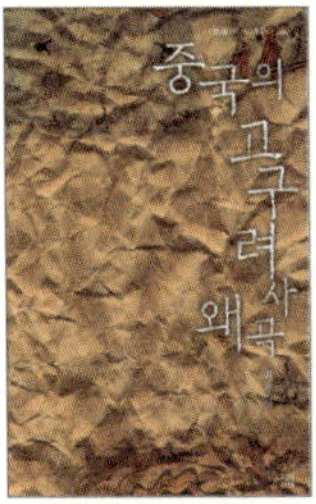


## 056 중국의 고구려사 왜곡

eBook

최광식(고려대 한국사학과 교수)

중국의 고구려사 왜곡의 숨은 의도와 논리, 그리고 우리의 대응 방안을 다뤘다. 저자는 동북공정이 국가 차원에서 진행되는 정치적 프로젝트임을 치밀하게 증언한다. 경제적 목적과 영토 확장의 이해관계 등이 복잡하게 얽혀 있는 동북공정의 진정한 배경에 대한 설명, 고구려의 역사적 정체성에 대한 문제, 고구려사 왜곡에 대한 우리의 대처방법 등이 소개된다.

## 291 프랑스 혁명

eBook

서정복(충남대 사학과 교수)

프랑스 혁명은 시민혁명의 모델이자 근대 시민국가 탄생의 상징이지만, 그 실상을 아는 사람은 많지 않다. 프랑스 혁명이 바스티유 습격 이전에 이미 시작되었으며, 자유와 평등 그리고 공화정의 꽃을 피기 위해 너무 많은 피를 흘렸고, 혁명의 과정에서 해방과 공포가 엇갈리고 있었다는 등의 이야기를 통해 프랑스 혁명의 실상을 소개한다.

## 139 신용하 교수의 독도 이야기

eBook

신용하(백범학술원 원장)

사학계의 원로이자 독도 관련 연구의 대가인 신용하 교수가 일본의 독도 영토 편입문제를 걱정하며 일반 독자가 읽기 쉽게 쓴 책. 저자는 역사적으로나 국제법상으로 실효적 점유상으로나, 어느 측면에서 보아도 독도는 명백하게 우리 땅이라고 주장하며 여러 가지 역사적인 자료를 제시한다.

## 144 페르시아 문화

eBook

신규섭(한국외대 연구교수)

인류 최초 문명의 뿌리에서 뻗어 나와 아랍을 넘어 중국, 인도와 파키스탄, 심지어 그리스에까지 흔적을 남긴 페르시아 문화에 대한 개론서. 이 책은 오랫동안 베일에 가려 있던 페르시아 문명을 소개하여 이슬람에 대한 편견과 오해를 바로 잡는다. 이태백이 이란계였다는 사실, 돈황과 서역, 이란의 현대 문화 등이 서술된다.

## 086 유럽왕실의 탄생

김현수(단국대 역사학과 교수)

인류에게 '예술과 문명' 그리고 '근대와 국가'라는 개념을 선사한 유럽왕실. 유럽왕실의 탄생배경과 그 정체성은 무엇인가? 이 책은 게르만의 한 종족인 프랑크족과 메로빙거 왕조, 프랑스의 카페 왕조, 독일의 작센 왕조, 잉글랜드의 웨섹스 왕조 등 수많은 왕조의 출현과 쇠퇴를 통해 유럽 역사의 변천을 소개한다.

## 016 이슬람 문화

이희수(한양대 문화인류학과 교수)

이슬람교와 무슬림의 삶, 테러와 팔레스타인 문제 등 이슬람 문화 전반을 다룬 책. 저자는 그들의 멋과 가치관을 흥미롭게 설명하면서 한편으로 오해와 편견에 사로잡혀 있던 시각의 일대 전환을 요구한다. 이슬람교와 기독교의 관계, 무슬림의 삶과 낭만, 이슬람 원리주의와 지하드의 실상, 팔레스타인 분할 과정 등의 내용이 소개된다.

## 100 여행 이야기

eBook

이진홍(한국외대 강사)

이 책은 여행의 본질 위를 '길거리의 철학자'처럼 편안하게 소요한다. 먼저 여행의 역사를 더듬어 봄으로써 여행이 어떻게 인류 역사의 형성과 같이해 왔는지를 생각하고, 다음으로 여행의 사회학적 · 심리학적 의미를 추적함으로써 여행에 어떤 의미를 부여할 것인가에 대해 말한다. 또한 우리의 내면과 여행의 관계 정의를 시도한다.

## 293 문화대혁명 중국 현대사의 트라우마

eBook

백승욱(중앙대 사회학과 교수)

중국의 문화대혁명은 한두 줄의 정부 공식 입장을 통해 정리될 수 없는 중대한 사건이다. 20세기 중국의 모든 모순은 사실 문화대혁명 시기에 집약되어 있다고 해도 과언이 아니다. 사회주의 시기의 국가 · 당 · 대중의 모순이라는 문제의 복판에서 문화대혁명을 다시 읽을 필요가 있는 지금, 이 책은 문화대혁명에 대한 안내자가 될 것이다.

## 174 정치의 원형을 찾아서

eBook

최자영(부산외국어대학교 HK교수)

인류가 걸어온 모든 정치체제들을 매우 짧은 기간 동안 시험하고 정비한 나라, 그리스. 이 책은 과두정, 민주정, 참주정 등 고대 그리스의 정치사를 추적하고, 정치가들의 파란만장한 일화 등을 소개하고 있다. 특히 이 책의 저자는 아테네인들이 추구했던 정치방법이 오늘 우리 사회가 당면한 문제를 해결할 수 있는 지혜의 발견에 도움을 줄 수 있을 것이라고 말한다.

## 420 위대한 도서관 건축순례

eBook

최정태(부산대학교 명예교수)

이 책은 도서관의 건축을 중심으로 다룬 일종의 기행문이다. 고대 도서관에서부터 21세기에 완공된 최첨단 도서관까지, 필자는 가능한 많은 도서관을 직접 찾아보려고 애썼다. 미처 방문하지 못한 도서관에 대해서는 문헌과 그림 등 가능한 많은 정보를 수집하려 노력했다. 필자의 단상들을 함께 읽는 동안 우리 사회에서 도서관이 차지하는 의미에 대해 다시 생각하게 된다.

## 421 아름다운 도서관 오디세이

eBook

최정태(부산대학교 명예교수)

이 책은 문헌정보학과에서 자료 조직을 공부하고 평생을 도서관에 몸담았던 한 도서관 애찬가의 고백이다. 필자는 퇴임 후 지금까지 도서관을 돌아다니면서 직접 보고 배운 것이 40여 년 동안 강단과 현장에서 보고 얻은 이야기보다 훨씬 많았다고 말한다. '세계 도서관 여행 가이드'라 불러도 손색없을 만큼 풍부하고 다채로운 내용이 이 한 권에 담겼다.

eBook 표시가 되어있는 도서는 전자책으로 구매가 가능합니다.

016 이슬람 문화 | 이희수
017 살롱문화 | 서정복 eBook
020 문신의 역사 | 조현설 eBook
038 헬레니즘 | 윤진 eBook
056 중국의 고구려사 왜곡 | 최광식 eBook
085 책과 세계 | 강유원
086 유럽왕실의 탄생 | 김현수 eBook
087 박물관의 탄생 | 전진성 eBook
088 절대왕정의 탄생 | 임승휘 eBook
100 여행 이야기 | 이진홍 eBook
101 아테네 | 장영란 eBook
102 로마 | 한형곤 eBook
103 이스탄불 | 이희수 eBook
104 예루살렘 | 최창모 eBook
105 상트 페테르부르크 | 방일권 eBook
106 하이델베르크 | 곽병휴 eBook
107 파리 | 김복래 eBook
108 바르샤바 | 최건영 eBook
109 부에노스아이레스 | 고부안 eBook
110 멕시코 시티 | 정혜주 eBook
111 나이로비 | 양철준 eBook
112 고대 올림픽의 세계 | 김복희 eBook
113 종교와 스포츠 | 이창익 eBook
115 그리스 문명 | 최혜영
116 그리스와 로마 | 김덕수 eBook
117 알렉산드로스 | 조현미
138 세계지도의 역사와 한반도의 발견 | 김상근 eBook
139 신용하 교수의 독도 이야기 | 신용하
140 간도는 누구의 땅인가 | 이성환 eBook
143 바로크 | 신정아 eBook
144 페르시아 문화 | 신규섭 eBook
150 모던 걸, 여우 목도리를 버려라 | 김주리 eBook
151 누가하이카라여성을데리고사누 | 김미지 eBook
152 스위트 홈의 기원 | 백지혜 eBook
153 대중적 감수성의 탄생 | 강심호 eBook
154 에로 그로 넌센스 | 소래섭 eBook
155 소리가 만들어낸 근대의 풍경 | 이승원 eBook
156 서울은 어떻게 계획되었는가 | 염복규 eBook
157 부엌의 문화사 | 함한희
171 프랑크푸르트 | 이기식 eBook
172 바그다드 | 이동은 eBook
173 아테네인, 스파르타인 | 윤진 eBook
174 정치의 원형을 찾아서 | 최자영 eBook
175 소르본 대학 | 서정복 eBook
187 일본의 서양문화 수용사 | 정하미
188 번역과 일본의 근대 | 최경옥
189 전쟁국가 일본 | 이성환 eBook
191 일본 누드 문화사 | 최유경
192 주신구라 | 이준섭
193 일본의 신사 | 박규태 eBook
220 십자군, 성전과 약탈의 역사 | 진원숙
239 프라하 | 김규진 eBook
240 부다페스트 | 김성진 eBook
241 보스턴 | 황선희
242 돈황 | 전인초 eBook
249 서양 무기의 역사 | 이내주
250 백화점의 문화사 | 김인호
251 초콜릿 이야기 | 정한진
252 향신료 이야기 | 정한진
259 와인의 문화사 | 고형욱
269 이라크의 역사 | 공일주
283 초기 기독교 이야기 | 진원숙
285 비잔틴제국 | 진원숙 eBook
286 오스만제국 | 진원숙 eBook
291 프랑스 혁명 | 서정복 eBook
292 메이지유신 | 장인성
293 문화대혁명 | 백승욱 eBook
294 기생 이야기 | 신현규 eBook
295 에베레스트 | 김법모 eBook
296 빈 | 인성기 eBook
297 발트3국 | 서진석 eBook
298 아일랜드 | 한일동
308 홍차 이야기 | 정은희 eBook
317 대학의 역사 | 이광주
318 이슬람의 탄생 | 진원숙
335 고대 페르시아의 역사 | 유흥태
336 이란의 역사 | 유흥태
337 에스파한 | 유흥태
342 다방과 카페, 모던보이의 아지트 | 장유정
343 역사 속의 채식인 | 이광조
371 대공황 시대 | 양동휴 eBook
420 위대한 도서관 건축순례 | 최정태 eBook
421 아름다운 도서관 오디세이 | 최정태 eBook
423 서양 건축과 실내 디자인의 역사 | 천진희 eBook
424 서양 가구의 역사 | 공혜원 eBook
437 알렉산드리아 비블리오테카 | 남태우 eBook
439 전통 명품의 보고, 규장각 | 신병주 eBook
443 국제난민 이야기 | 김철민 eBook
462 장군 이순신 | 도현신 eBook
463 전쟁의 심리학 | 이윤규 eBook

㈜살림출판사
www.sallimbooks.com
주소 경기도 파주시 문발동 522-1 | 전화 031-955-1350 | 팩스 031-955-1355